T0284907

Empowering
Seder Conversations
Passover Haggadah

הגדה של פסח
כח איתן

Empowering
Seder Conversations
Passover Haggadah

Eitan Ashman
and Contemporary Jewish Voices

Edited by Leora Ashman

Foreword by Rabbi Johnny Solomon

URIM PUBLICATIONS
Jerusalem • New York

Empowering Seder Conversations Passover Haggadah
by Eitan Ashman and Contemporary Jewish Voices
Edited by Leora Ashman
Foreword by Rabbi Johnny Solomon
Front cover art and graphic icons by Yael Harris Resnick
Copyright © 2024 Leora Ashman
Haggadah text © 2024 Urim Publications

Typeset by Eli Stein

Printed in Israel
First Edition
ISBN 978-965-524-370-3

Urim Publications
P.O. Box 52287, Jerusalem 9152102, Israel
www.UrimPublications.com

Cataloging-in-Publication data is available from the Library of Congress.

BLESSINGS FROM RABBI SHLOMO RISKIN

*Since the day of Eitan's stroke, Rabbi and Rabbanit Riskin have provided
steadfast support to the Ashman family. The following is the bracha
Rabbi Riskin gave to Eitan shortly after Eitan's stroke:*

הקדוש ברוך הוא ברא את העולם –
בראשית ברא את השמים ואת הארץ

Rashi in בראשית asks the famous question: If the Torah is a book of laws,
why does the Torah begin with the creation of the world and not with the
first *mitzvah* commanded by God?

Rav Soloveitchik offers his own answer. He explains that the first *pasuk* is
not only describing the beginning of the creation process, but it is actually
a *mitzvah* itself!

The Rambam teaches that והלכת בדרכיו, to walk in God's ways, is a central
tenet of the Jewish people. We must emulate God in all areas of our
life. The very first thing we learn about God is that He created the
heavens and earth. Just as God created, so too must we create. Each and
every person must find a way to create and recreate themselves
throughout their lives.

And you, Eitan, are creating yourself. Of course, it's difficult and
trying, but it's an amazing miracle, and you are truly recreating yourself,
thereby mimicking God, Who created the world.

May God bless you, may He keep giving you the strength to go מחיל אל חיל
from strength to strength, in your journey of recreating your own unique
world.

Upon hearing about this Haggadah, Rabbi Riskin sent Eitan the following message:
On this holiday that we celebrate freedom from bondage
and pray for redemption, we admire your courage and emunah,
which is an inspiration to us all.

In memory of
our beloved father

R' Moshe Tzvi Leifer *z"l*
ר' משה צבי בן ר' ברוך יוסף ז"ל

who made every Seder
memorable
for each and every participant,
and who adored Eitan's enthusiasm
and *simchas ha'chaim*
from the moment they met.

Chani and Shimie Klein

In honor of our dear mother, grandmother,
great-grandmother, and great-great-grandmother

Goldie Cantor, עמו"ש

for always bringing us together for Pesach,
and making the Seder such a special place
for us all to connect so meaningfully as a family.

With much love forever,

**Lustman, Ben-Dat, Sokol, Cantor, Sobol, Fisher,
Bendat-Appell, Ross, Pelc, Hanono, Harris
and Sevard Families**

In honor of resilience, strength,
and the triumph of the human spirit.

Amidst challenging trials, Eitan exemplifies
the courage of Bnei Yisroel as shown in the Haggadah,
enduring hardship yet emerging with unwavering determination.

May this Haggadah stand as a tribute to Eitan's fortitude
and the triumph of the human will, alongside Leora,
a steadfast pillar of support and unwavering devotion.

With deepest respect and admiration,

Yaakov and Beatrice Herzog

DEDICATED IN HONOR OF
OUR BELOVED PARENTS

Mr. Morris & Mrs. Harriet Inker
Dr. Tzvi & Mrs. D'vorah Klein

exemplary role models and champions
of Jewish education, whose thirst for
knowledge and passion for spiritual
connection have transformed the
Mitzvah of retelling the Passover
story into an inspirational way of life

THANK YOU

for safeguarding our heritage,
solidifying our Jewish identities
and setting examples we are
proud to follow

WITH ENDLESS LOVE &
EXTREME GRATITUDE

Shari & Elie Klein

Contents

Foreword

By Rabbi Johnny Solomon

In every generation, there are those who long to engage in the Seder night discussion but who lack the words to do so. Some are limited by a physical or language issue. Others are too shy to share their thoughts. While others, as Rabbi Shlomo Alkabetz explains in his *Brit HaLevi Haggadah*, are so moved by the spiritual ecstasy (הִתְלַהֲבוּת) of Seder night that they struggle to express with words what they feel in their heart and soul.

Whatever the reason for someone's lack of words on the Pesach Seder night, our Sages tell us: אַתְּ פְּתַח לוֹ – it is up to us to help them take part in Seder night, and this unique Haggadah is a response to the call of אַתְּ פְּתַח לוֹ. It is for those who need a Haggadah that speaks the words that they wish to say, in a way that they can say them.

Since first meeting Eitan, I have been deeply inspired by his efforts to overcome the limits that his stroke and Aphasia have brought to his life. And while I speak far more than he does during our weekly meetings, I have learned the art of listening to Eitan's questions and insights, even when he only expresses just part of what he wishes to say. In this way, we fulfill אַתְּ פְּתַח לוֹ.

Before his stroke, Eitan was often overcome by the spiritual ecstasy (הִתְלַהֲבוּת) of Seder night, and though he would share his Torah thoughts with family and friends, words alone could not fully express his love and devotion to God. Since his stroke, Eitan has yearned to be part of the Seder table discussion again, so that he can fulfill the *mitzvah* of סִיפּוּר יְצִיאַת מִצְרַיִם and give voice to, at least in some small measure, his love of God.

It is my hope that this Haggadah will serve as a precious resource, not just in the Ashman home, but also in many Jewish homes worldwide — for those in need of resources to answer the call of אַתְּ פְּתַח לוֹ, and thereby enrich their Seder night.

Chag Same'ach!

Introduction

by Leora Ashman

Language and communication play an essential role in Judaism. We became starkly and irreversibly more aware of this fact after my husband, Eitan, suffered a massive, left-sided, ischemic stroke in August 2017. The stroke left Eitan with right-sided hemiparesis, memory loss, neuro-fatigue, chronic pain, and Aphasia. Aphasia has affected Eitan's speech, communication with others, and his reading and writing; it has not, however, affected his understanding.

The world of Judaism as Eitan knew it became not only a struggle, but became filled with frustration. Suddenly, he was unable to say what he wanted to say, read more than just headlines or read out loud. He struggled to connect and communicate with others, and this proved, at times, to be a very lonely, embarrassing, and even shameful journey. Eitan has worked persistently to demonstrate to others that HE IS STILL THE SAME EITAN that he always was, despite his disabilities and he has learned to overcome.

Together we have learned that every situation — no matter how broken, difficult, or challenging — offers opportunities for self-discovery, purpose, and a sense of belonging. This concept surfaces during the Seder in *Yachatz*, when we break the middle Matzah. The broken pieces that were once whole still retain their identity as "Matzah," and moreover, they take on a new, crucial purpose.

Throughout our journey we have been blessed to meet many wonderful, selfless, intuitive people who have helped us teach the world what it means to *live* and *thrive* while confronted with a language and/or communication impairment and disability, and how together we CAN change our surroundings to become more inclusive and understanding.

Even when facing adversity, there is still hope. As Rabbi Lord Jonathan Sacks *zt"l* wrote: "Hope is a powerful force that combines aspiration with patience, unyielding in the midst of setbacks and delays. It is the beacon that keeps us focused on our destination, even when surrounded by exile and disaster." (The Rabbi Sacks Legacy - Chiefly Quotes)

This underlying theme of hope resonates deeply within the Pesach story and countless other times throughout Jewish history. This Haggadah, born out of feelings of brokenness and loneliness, at a time when we couldn't see possible solutions and the word "hope" was just a word, tells a remarkable tale. It teaches us that, charged with a renewed sense of hopefulness, *emunah*, willpower, love, tears, and joy, we CAN stay true to our identities and directions, even in times of pain, loneliness, turmoil, and loss.

The driving force of this Haggadah stemmed from the goal of including Eitan in the Seder. He was not able to participate as he once could; listening, reading, telling, and interacting were huge obstacles, rather than avenues for participation. With the guidance and intuition of Rabbi Johnny Solomon, the insights and reflections Eitan had written in the years prior to his stroke, were revised and condensed into simpler, shorter ideas that Eitan could more easily share and read aloud together or by others at the Seder table. By finding alternative approaches, Eitan's "new" voice was heard, and he regained a sense of belonging, drawing him closer to his destination. Similarly, this Haggadah aims to give voices to other heroes who contribute beautiful and inspiring pieces of Torah while facing daily speech, language, and disability struggles. We are grateful for and admire their courage and dedication. We are also thankful for the pearls of wisdom from renowned Torah scholars and friends who chose to make their wisdom more accessible. Together, they demonstrate the transformative power of ideas, which can change lives and lead to blessings, happiness, and courage. (See About the Contributors on page 118.)

Indeed, the feedback we received from those who used Eitan's first booklet at their Seder was astonishing. They found the passages extremely meaningful, and their concise format and nature to be a tool that promoted inclusiveness. Reactions were shared with us from people dealing with challenges of speech, language, disability, fear, attention, illness, age, etc., as well as those who wanted something simple, inspiring, and accessible. People who had never been able to join the Seder before were suddenly able to *actively* participate.

We thus decided to include within these pages more voices of those with Aphasia and other impairments that make conversation and inclusion difficult, to raise awareness and encourage discussion in our communities. Though this Haggadah may not be the ideal solution for everyone, we hope it will be an empowering tool for many that will allow for easier communication, participation, and inclusion. Whether through speaking, singing, reading, gestures, partner reading, engaging in symbolic actions, or other ways, we hope that everyone will have an opportunity to be a "Maggid" – a teller of stories and ideas.

This publication is a testament to Eitan's remarkable journey of resilience and self-discovery, guided by the support of our loving family, friends, and community. It is dedicated to our beautiful, kind, wonderful, loving children; Aliza, Adiel, Eva, Ariella, and Aviad, who keep us driven with their constant love and care for our family with their passion for joy and life; and to our parents Fred and Elly Ashman עמו"ש and R' Ezra z"l and Shoshana Dabush עמו"ש, for their endless love, warmth, support, and encouragement. Their unwavering presence helps to shape our lives and instill within our family the values and Torah legacy we aspire to transmit. As we embark on this journey through the pages of this Haggadah, may it inspire us all to embrace hope, to change our thinking, to become more aware of how to give, include, and connect with others, and ultimately transform ourselves. May it serve as a reminder that, even in the face of adversity, our true destination remains within reach.

If we feel whole, there is no room left for us to grow. When we realize that we are just a piece of a much bigger whole and that God is by our side, we can grow through this brokenness – together with those around us – to create more healing, more good, and even, with God's help, witness great miracles.

May these pages give you as much as it has given us, teaching about courage, will, *emunah*, strength and love, and allow for embracing wholly who we are deep within.

Thank you for using and learning from this precious Haggadah.

Wishing you a *Chag Same'ach!*

Acknowledgments

Great accomplishments are born from collaboration. Unity propels us towards better things, proving that together we are stronger than we could ever be alone, and we are more than just a sum of its parts.

This Haggadah would not have been possible without the collective efforts of so many creative, talented, and selfless people who utterly and fiercely believed in this project since its inception, in turn making this Haggadah and its Torah accessible to so many.

We couldn't be more proud and grateful to share this Haggadah with you all. *Shehecheyanu.* Thank you, *Hakadosh Baruch Hu,* for sending us the many special *shlichim* that ensured this book would be brought to life, and blessing us with the ability to do so. There are so many people we want to thank, and we apologize if we have missed anyone.

Thank you to our Rabbi and friend, Rabbi Johnny Solomon, for taking Eitan's thoughts and ideas and finding a way for Eitan's voice to be heard at our Seder after his stroke. You, Donna, and your family have become an intrinsic part of our family, and we feel so blessed to have you as a part of it.

Thank you to Shlomo and Malka Hubscher, and Binyamin Casper for your dedication and commitment to every detail from start to finish and for pushing to get this Haggadah to print, from inception to creation to press.

Thank you to Rav Dr. Aharon Wexler, Alissa Fried Harbater, Elie Klein, Judi Felber, Shani Lubetski, Yoheved Novogroder Shoshan, Elie Mischel, Shalva Hubscher, Michele Sandler and Ronit Gershinsky for your ideas, continuous help, support, and encouragement throughout this publication.

Thank you to our ever-so talented editing team: Shlomo Hubscher, Malka Hubscher, Binyamin Casper, Sara Daniel, Sara Ben-David, Dena Lehrman, Abi Moskovits and Diana Rosenfelder. You have gone above and beyond in this challenging endeavor to bring this Haggadah to its finest edition.

To Rav Uri Schneider, Julie Shulman, Merav Raveh-Malka, and Gabrielle Hodes, your professional thoughts, tips and insights will enable more conversation and a more inclusive Seder for so many. Thank you.

To Eli Stein, our graphic designer. Your innovative mind, vision, and wondrous talent have made the pages of this book accessible for so many. Thank you.

To our creative and talented artist, Yael Harris Resnick. Thank you for giving your all in creating the magnificent front cover art and graphic icons and for putting your whole being into the vision of this Haggadah.

Did you notice the face within the splitting of the sea picture on the cover? It's hidden subtly to allude to the unseen nature of speech, language, and other initially invisible disabilities. The Hebrew letters emanating from the mouth highlight the importance of communication, connection, and inclusion within all realms of Judaism and everyday life.

To Tzvi Mauer and the entire staff of Urim Publications, we are so grateful for your willingness to take part in this publication. Your resolute dedication and expertise have brought this Haggadah to fruition, making it an important and holy tool for so many to use across the world.

Thank you so much to our generous donors whose faith in this project made its realization possible, ensuring that this Haggadah made its way out into the world and into homes that will include and inspire so many.

Thank you to each and every one of our wonderful Torah contributors for entrusting us with your beautiful and inspiring teachings, making them accessible to so many. Because of your connection to and belief in Koach Eitan, the importance of this Haggadah is being shared with a broader audience.

Lastly, we would like to express heartfelt gratitude to our family, our friends, and all of you. Your support exemplifies the values of *achdut* and kindness that constitute the core of our heritage. As we write this there is a war raging; we are praying for our soldiers to remain safe and strong, for our hostages to be returned safely, for our wounded to be healed, and for the strength and well-being of our entire nation. There is so much darkness, loss, pain, grief, hurt, and worry. HOWEVER, the unity of our people — our *achdut*, strength, resilience and belief in *Hakadosh Baruch Hu*, our religion, our nation, our army, our land, and each other — brings and shines so much light through the darkness, allowing us to LIVE and THRIVE! *AM YISRAEL CHAI!*

With so much gratitude,

Leora and Eitan Ashman

Seder Inclusion Tools

 Use the Seder Instruction Icons to help navigate the Seder, and share the Seder Conversation Ideas found in the light blue shaded boxes throughout your Haggadah.
(Seder Instruction Icons and their meanings can be found on page 128.)

To emphasize the importance of inclusion, we encourage you to read through the following list of tools, to learn how to better include those who may find the Seder difficult, daunting, or lonely.

1. Put Yourself in the Other's Shoes
2. Who's Who at the Seder
3. Inclusion Elements
4. Setting the Social Table
5. Partner Reading
6. Active Listening
7. Interactive Participation
8. Timeless Story, Simple Language
9. Pictures Speak More Than You Think
10. It Takes Two to Dialogue
11. Don't (Always) Finish My Sentences
12. One Mouth Needs Two Ears
13. Celebrate Participation and Communication Efforts

1. Put Yourself in the Other's Shoes

After the immense preparation for Pesach, most of us look forward to Seder Night, sitting around together, talking, and discussing the Haggadah. However, there are those around the table who may not be looking forward to it and, would rather skip it. There can be many reasons for this, and it is up to us to try to put ourselves in our guests' shoes, understand what they are going through, and learn how to better include them to be a part of this important night.

2. Who's Who at the Seder

Everyone can be more inclusive (and included) when we are open about who's who around the table and their specific needs. Don't assume people know what they need to know, and don't assume they know what to do. Instead, tell them. Try to be very matter-of-fact, and give practical suggestions of some dos and don'ts. Generally, people are grateful to be informed, and this results in a more inclusive atmosphere.

This can be accomplished by composing a written message in advance or a brief introduction at the beginning of the Seder; it is suggested to discuss the following points:

1. Your goal(s) for the Seder night.
2. Who are your guests?
3. How they can help co-create the most successful Seder with you.

- Example: Welcome to our Seder. As I host the Seder tonight, I want to invite you to be partners with me. We can create the most enjoyable and engaging Seder experience for everyone at the table. Please take into consideration the different ages and backgrounds of our guests. I have spoken to [Cousin Sam] and he would like me to tell you that you may/ may not know that he has Aphasia [substitute Aphasia with any other challenge your guest may have]. He understands what's going on around him and he wants to be involved in the Seder. He has difficulty putting ideas into words, and he has difficulty reading. Here are suggestions for ways to include him more:

- Improve the turn-taking around the table to be more defined and predictable, with one person speaking at a time.

- Use language that is more concrete and easily understood.

- Allow extra response time for him to express himself and for you to verify understanding on his part.

3. Inclusion Elements
Inclusion is easier than you might think. Try these next two points, and you'll be amazed to see the difference you can make: Practice patience (allowing extra response time), and engage with respect (address the person, not the problem). Below are suggested ways to engage people with different abilities and impairments:

Don't	Do
Skip their turn.	Give them the choice of whether to take a turn.
Finish their sentences.	Be a better listener to hear what they have to say.
Enable cross conversations and talking out of turn.	Take responsibility for one person talking at a time, to allow everyone a turn to talk and a turn to be heard.
Talk down to them.	Speak with them at their level of comprehension and knowledge while making eye contact.
Just speak to the person assisting them.	Look at them and converse with them directly.
Rush the Seder along.	Linger a little longer to allow enough time for them to understand and express what they want to say.
Depend on them to initiate discussion.	Partner with them to achieve successful communication through eye contact, curiosity, and follow-up questions.

4. Setting the Social Table

Just as we adorn the table with silverware, we can design the Seder table to be inclusive and engaging. Bring the Haggadah, Seder plate, wine cups, *Matzot,* and bitter herbs within reach, and with whatever accommodation would make it easiest for everyone to participate as fully and independently as possible.

Plan seating arrangements that are conducive to participation and comfort. Consider positioning supportive individuals strategically, to better see (and be seen) and to better hear (and be heard).

5. Partner Reading

We all need somebody to lean on. Consider pairing individuals with supportive partners and allies who can assist with reading, if they wish to participate in that manner. Consider calling out page numbers to keep all participants in sync, as well as using the "Seder Partner" to help as needed with page turning and finding the place to maximize engagement.

6. Active Listening

Active listening is the art of being a partner in conversation without "monopolizing the microphone." You can make a difference in bringing people into the conversation and drawing them into the collective experience when you offer nonverbal feedback (eye contact, body language). Attune yourself to being present; show interest through facial expression, demonstrate curiosity with questions, and be attentive with sensitivity to engage the overlooked. Overall, when you offer mutual respect, value, and interest, people will be drawn into the Seder night.

7. Interactive Participation

People participate differently. Some people want to stand on the chair and sing *Ma Nishtanah*, while others prefer less of the spotlight. Find ways to engage each person so that they feel comfortable. Here are some tips:

- Invite participants to request parts ahead of time.

- Brainstorm in advance, together with the individual, to select which parts highlight their abilities, and offer ways to prepare and practice for a successful experience.

- Find out if they are willing to be called upon to read aloud.

- Song — use familiar tunes of the Haggadah as much as possible as singing can lead to others joining in.

- Assign non-speaking parts if possible — like pointing to the Matzah, Pesach, and Maror; breaking the Matzah; bringing the washing cup and bowl; pouring the wine; even announcing the pages in the Haggadah, etc.

- Use a variety of talking formats, such as: reading, partner reading, explaining, answering yes/no questions, acting out parts of the Haggadah. These suggestions turn the table into a "choose your own adventure," with more people participating.

8. Timeless Story, Simple Language

If we do it well, the Passover Seder can be truly memorable and an annual highlight of shared experiences. Focus on keeping your speech clear and loud enough to be heard. Keep your language simple so as to be easily understood.

Speak slowly and break down complex sentences or concepts into simpler points. Instead of overly elaborate language and abstract ideas for intellectual stimulation, speak to the hearts and souls around the table to connect everyone to the shared experience.

9. Pictures Talk More Than You Think

When it's multisensory, it's much more memorable. There's an educational saying, "show me, don't tell me." Most people do better with visuals. This is especially true for people with language barriers and communication impairments. Pictures bypass barriers and make an impact. Point out the icon instructions throughout the Haggadah. Examples to create a multisensory Seder may be to prepare drawings, pictures, and timelines to share; integrate gestures (e.g., act out the plagues) and movement (dress up or walk around the table like the Jewish people in Egypt).

10. It Takes Two to Dialogue

Successful conversations take two: a speaker and a listener. Consider how you can share the success of conversations as a listener. Be a strong conversational partner with these tools. Clarify what you hear. Confirm and verify that everyone at the table understands what is being said or asked of them to do. As a listener, ask for clarification for what you don't understand. Offer to repeat yourself or rephrase what you just said in order for the person to better understand. One person can talk to the wall but two people can share a conversation – share questions, thoughts, and feelings.

11. Don't (Always) Finish My Sentences

When two people engage in conversation, they connect beyond words. The speaker and listener complete one another. The fit is measured by: To what extent do they share interests? How much do they know and trust each other? How familiar are they with the topic? When the fit is right, both the speaker and the listener share a healthy exchange, with some balance between predictable turns, as well as some unpredictable novelty. For people with communication impairments, we need to be mindful to accommodate these conversational ingredients to get the best fit. Whereas we often anticipate and complete people's sentences, we need to press pause — and allow the other person to say what they want to say. In some cases, if the speaker gives permission, you may speak up for them or even complete their sentences to complement their abilities and support their interests. But generally, it's best to speak less for them, and listen more to what they say.

12. One Mouth Needs Two Ears

If we want people to speak freely, we need to create a listening space. When the table is a mix of people talking over each other, it's harder for individuals to find their turn to speak and to follow what is being said with the other voices in the background. When the volume is high, it's harder to hear the softer voices at the table. The following is a practical recipe to create open listening spaces:

- Be explicit (e.g., "Now, I am focused on listening to what [person's name] wants to share").

- Respond more, react less. Whereas responding is a choice, reacting is a reflex. So, instead of reacting to, it's better to process what was said, and then respond with consideration.

- Listen longer. Notice the talk-balance (how talking time is split among conversationalists). A simple rule would be: listen more than you speak.

- Sometimes it's helpful to rephrase a question or an idea into more concise sentences and shorter and simpler language.

13. Celebrate Participation and Communication Efforts

Acknowledge and celebrate the individual's participation and communication efforts rather than focusing on fluency. Allow for messiness. Generally, the very best comes from imperfection. Instead of expecting perfect speech, perfect wording, or perfect ideas, try to welcome courage — to "take a chance." The Seder will be better when more people feel comfortable enough to take chances. Praising their courage and ideas helps build confidence.

For some, the Seder can be long and tiresome. Acknowledging the time one participates, even if they leave the table before the end or need to take a break during, can make the person feel connected and proud of their efforts to participate.

For an additional practical guide (and especially for Aphasia), you can follow the Koach Eitan "Let's Talk" guidelines:

LET'S TALK!

KOACH EITAN

#ImME I'M e Campaign!

Tips and tools for communicating and including someone with APHASIA*

L ower **LOWER**, minimize and remove background noise, other voices, and distractions.

E ye Contact Maintain **EYE CONTACT**. Talk directly to the person, one person talking at a time.

T' one Keep the **TONE** of speech even, calm and age appropriate. Do not raise your voice or talk down to the person.

S peak **Speak** in clear, simple, direct sentences, and verify understanding.

T ime Don't rush, take your **TIME!** Be patient!

A sk Use yes or no questions. **ASK** if the person has or uses an Aphasia notebook or an iPad to help with communication. Use hand gestures, written words or pictures.

L isten **LISTEN**. Give them time to speak. Resist the urge to finish sentences or guess what the person is saying. If you feel it will help, request permission first.

K ind **BE KIND!** Engage with the person using kindness, empathy, patience and a smile!

REMEMBER! APHASIA AFFECTS LANGUAGE, NOT INTELLECT!

*These tools and tips can be useful with other language impairments, as well.

www.koacheitan.com

A project of www.giving.org.il ⚙ **GIVING**

BEDIKAT CHAMETZ בְּדִיקַת חָמֵץ

As one is prohibited from owning *chametz* on Pesach, we search for *chametz* on Erev Pesach and then declare that any *chametz* that has not been found should be considered like "dust of the earth."
The following blessing is recited before the search for *chametz*.

בָּרוּךְ אַתָּה יְיָ, אֱלֹהֵינוּ מֶלֶךְ הָעוֹלָם, אֲשֶׁר קִדְּשָׁנוּ בְּמִצְוֹתָיו, וְצִוָּנוּ עַל בְּעוּר חָמֵץ:

After the search for *chametz,* the following declaration is made:

כָּל חֲמִירָא וַחֲמִיעָא דְּאִכָּא בִרְשׁוּתִי דְּלָא חֲמִתֵּהּ וּדְלָא בְעַרְתֵּהּ וּדְלָא יְדַעְנָא לֵהּ, לִבָּטֵל וְלֶהֱוֵי הֶפְקֵר כְּעַפְרָא דְאַרְעָא.

 ## Focus on the Next Shot כָּל חֲמִירָא

In basketball, sometimes we miss the shot. Great players don't worry about failure — they focus on the next chance, the next shot. Pesach teaches the same idea. Even if we try hard, we might miss some *chametz* while cleaning. But *Hashem* gives us a chance to nullify what we missed and go forward. Don't stress about the things you can't control. *Hashem* values the effort we put into our actions — and not just the results.

By Tamir Goodman

BIUR CHAMETZ בִּיעוּר חָמֵץ

On the morning after the search, we burn all existing *chametz*.
After the burning, the following declaration is made:

כָּל חֲמִירָא וַחֲמִיעָא דְּאִכָּא בִרְשׁוּתִי דַּחֲזִיתֵהּ וּדְלָא חֲזִיתֵהּ, דַּחֲמִתֵּהּ וּדְלָא חֲמִתֵּהּ, דְּבִעַרְתֵּהּ וּדְלָא בִעַרְתֵּהּ, לִבָּטֵל וְלֶהֱוֵי הֶפְקֵר כְּעַפְרָא דְאַרְעָא.

בִּעוּר חָמֵץ

Remove Evil, Embrace Goodness

On Erev Pesach, as we burn our *chametz*, we pray to remove evil from the world. This evil can be enemies who seek to harm us, the stress and anger inside us that we hold onto, or personal flaws we aim to improve. By burning *chametz*, may we merit to destroy our *yetzer hara* – negative tendencies – and embrace the goodness of *Hashem's* Torah with love and awe – for ourselves, for our children, and for future generations.

By Sivan Rahav-Meir

EIRUV TAVSHILIN עֵרוּב תַּבְשִׁילִין

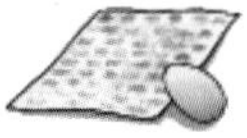

If the festival begins the day immediately prior to Shabbat, some have the custom to
prepare an *eiruv tavshilin* in order to allow cooking on Friday for the holiday.
The *eiruv tavshilin* indicates that preparations for Shabbat have begun prior to
Yom Tov, thus permitting to cook on Yom Tov on Friday for Shabbat. The head of the
household takes some Matzah and any cooked food prior to the festival and sets
them aside until Shabbat, to be used on Shabbat. Then the following is recited:

בָּרוּךְ אַתָּה יְיָ, אֱלֹהֵינוּ מֶלֶךְ הָעוֹלָם, אֲשֶׁר
קִדְּשָׁנוּ בְּמִצְוֹתָיו וְצִוָּנוּ עַל מִצְוַת עֵרוּב:

בַּהֲדֵין עֵרוּבָא יְהֵא שָׁרֵא לָנָא לְמֵפָא וּלְבַשָׁלָא
וּלְאַטְמָנָא וּלְאַדְלָקָא שְׁרָגָא וּלְמֶעְבַּד כָּל צָרְכְנָא
מִיּוֹמָא טָבָא לְשַׁבַּתָּא לָנוּ וּלְכָל יִשְׂרָאֵל הַדָּרִים
בָּעִיר הַזֹּאת.

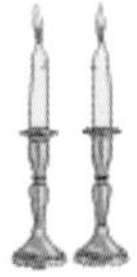

HADLAKAT NEIROT הַדְלָקַת נֵרוֹת

The following blessing is recited and then the candles are lit.
(When the festival falls on Shabbat, first we light the candles,
then we recite the blessing with the words in parentheses added.)

בָּרוּךְ אַתָּה יְיָ, אֱלֹהֵינוּ מֶלֶךְ הָעוֹלָם,
אֲשֶׁר קִדְּשָׁנוּ בְּמִצְוֹתָיו וְצִוָּנוּ לְהַדְלִיק
נֵר שֶׁל (בשבת: שַׁבָּת וְשֶׁל) יוֹם טוֹב:

בָּרוּךְ אַתָּה יְיָ, אֱלֹהֵינוּ מֶלֶךְ הָעוֹלָם,
שֶׁהֶחֱיָנוּ וְקִיְּמָנוּ וְהִגִּיעָנוּ לַזְּמַן הַזֶּה:

הגדה של פסח
Passover Haggadah

ORDER OF THE SEDER   סֵדֶר לֵיל פֶּסַח

קַדֵּשׁ  **Kadesh**	וּרְחַץ  **Urchatz**	כַּרְפַּס  **Karpas**
יַחַץ  **Yachatz**	מַגִּיד  **Maggid**	רָחְצָה  **Rachtza**
מוֹצִיא  **Motzi**	מַצָּה  **Matzah**	מָרוֹר  **Maror**
כּוֹרֵךְ  **Korech**	שֻׁלְחָן עוֹרֵךְ **Shulchan Orech**	צָפוּן  **Tzafun**
בָּרֵךְ  **Barech**	הַלֵּל **Hallel**	נִרְצָה **Nirtza**

Kavana – Intent

We often think that Seder night is about the things we say, but I have always thought that much of Seder night is actually about the things we think and feel. When we think and feel certain things then we have *kavana*. And the *kavana* we should have tonight is that we went out of Egypt, out of slavery, and into freedom.

By Eitan Ashman

Moshe of Few Words

When Moshe was commanded by God to take the Jewish people out of Egypt, he said: "I am not a man of many words." However, tonight we read how Moshe led the Jewish people from slavery to freedom, which shows us that even with limited words, we can achieve great things.

By Eitan Ashman

Precious Words

The Torah tells us that Moshe, like many people with speech impairments, was concerned, thinking: "Who will listen to me? How can anyone take me seriously when they hear the way I speak?"

Instead of hiding and keeping quiet, remember that your words matter to others. Your voice has GREAT worth. Whatever you might think, people DO want to listen, and really DO respect and value your words.

By Hayden Marchant

KADESH קַדֵּשׁ

Pour the first cup of wine (or grape juice). Some have the custom of having others pour for them. Recite the Kiddush and the *Shechecheyanu* blessing before drinking the wine.

בלחש: וַיְהִי עֶרֶב וַיְהִי בֹקֶר

יוֹם הַשִּׁשִּׁי, וַיְכֻלּוּ הַשָּׁמַיִם וְהָאָרֶץ וְכָל־צְבָאָם: וַיְכַל אֱלֹהִים בַּיּוֹם הַשְּׁבִיעִי מְלַאכְתּוֹ אֲשֶׁר עָשָׂה, וַיִּשְׁבֹּת בַּיּוֹם הַשְּׁבִיעִי, מִכָּל־מְלַאכְתּוֹ אֲשֶׁר עָשָׂה: וַיְבָרֶךְ אֱלֹהִים אֶת־יוֹם הַשְּׁבִיעִי, וַיְקַדֵּשׁ אֹתוֹ, כִּי בוֹ שָׁבַת מִכָּל־מְלַאכְתּוֹ אֲשֶׁר בָּרָא אֱלֹהִים לַעֲשׂוֹת:

When the festival begins on a weekday, begin here:

סַבְרִי מָרָנָן וְרַבָּנָן וְרַבּוֹתַי

בָּרוּךְ אַתָּה יְיָ, אֱלֹהֵינוּ מֶלֶךְ הָעוֹלָם, בּוֹרֵא פְּרִי הַגָּפֶן: בָּרוּךְ אַתָּה יְיָ, אֱלֹהֵינוּ מֶלֶךְ הָעוֹלָם, אֲשֶׁר בָּחַר בָּנוּ מִכָּל־עָם, וְרוֹמְמָנוּ מִכָּל־לָשׁוֹן, וְקִדְּשָׁנוּ בְּמִצְוֹתָיו, וַתִּתֶּן־לָנוּ יְיָ אֱלֹהֵינוּ בְּאַהֲבָה (לשבת: שַׁבָּתוֹת לִמְנוּחָה וּ) מוֹעֲדִים לְשִׂמְחָה, חַגִּים וּזְמַנִּים לְשָׂשׂוֹן אֶת־יוֹם (לשבת: הַשַּׁבָּת הַזֶּה וְאֶת יוֹם) חַג הַמַּצּוֹת הַזֶּה. זְמַן חֵרוּתֵנוּ, (לשבת: בְּאַהֲבָה,) מִקְרָא קֹדֶשׁ, זֵכֶר לִיצִיאַת מִצְרָיִם. כִּי בָנוּ בָחַרְתָּ וְאוֹתָנוּ קִדַּשְׁתָּ מִכָּל הָעַמִּים. (לשבת: וְשַׁבָּת) וּמוֹעֲדֵי קָדְשֶׁךָ (לשבת: בְּאַהֲבָה וּבְרָצוֹן) בְּשִׂמְחָה וּבְשָׂשׂוֹן הִנְחַלְתָּנוּ: בָּרוּךְ אַתָּה יְיָ, מְקַדֵּשׁ (לשבת: הַשַּׁבָּת וְ) יִשְׂרָאֵל וְהַזְּמַנִּים:

If the festival falls on Saturday night, recite the following:

בָּרוּךְ אַתָּה יְיָ, אֱלֹהֵינוּ מֶלֶךְ הָעוֹלָם, בּוֹרֵא מְאוֹרֵי הָאֵשׁ:

בָּרוּךְ אַתָּה יְיָ, אֱלֹהֵינוּ מֶלֶךְ הָעוֹלָם, הַמַּבְדִּיל בֵּין קֹדֶשׁ לְחֹל בֵּין אוֹר לְחשֶׁךְ, בֵּין יִשְׂרָאֵל לָעַמִּים, בֵּין יוֹם הַשְּׁבִיעִי לְשֵׁשֶׁת יְמֵי הַמַּעֲשֶׂה. בֵּין קְדֻשַּׁת שַׁבָּת לִקְדֻשַּׁת יוֹם טוֹב הִבְדַּלְתָּ. וְאֶת־יוֹם הַשְּׁבִיעִי מִשֵּׁשֶׁת יְמֵי הַמַּעֲשֶׂה קִדַּשְׁתָּ. הִבְדַּלְתָּ וְקִדַּשְׁתָּ אֶת־עַמְּךָ יִשְׂרָאֵל בִּקְדֻשָּׁתֶךָ. בָּרוּךְ אַתָּה יְיָ, הַמַּבְדִּיל בֵּין קֹדֶשׁ לְקֹדֶשׁ:

On all nights conclude with the following blessing:

בָּרוּךְ אַתָּה יְיָ, אֱלֹהֵינוּ מֶלֶךְ הָעוֹלָם, שֶׁהֶחֱיָנוּ וְקִיְּמָנוּ וְהִגִּיעָנוּ לַזְּמַן הַזֶּה:

Drink the first cup of wine
while leaning to the left side (if possible).

Celebrating Life שֶׁהֶחֱיָנוּ

We say *Shehecheyanu* on festivals because we want to thank God that we are alive and can celebrate the festivals with our loved ones. But another reason to say *Shehecheyanu* — taught by Rav Chaim Brisker — is to thank God for the miracles of Redemption which enabled the Jewish people to leave Egypt and live a free life.

By Eitan Ashman

URCHATZ וּרְחַץ

The leader or leaders of the Seder, or according to other customs, all those present who are interested, wash their hands without reciting a blessing. Some have the custom of washing each other's hands.

Lending a Hand וּרְחַץ

At the Seder, we have the custom of washing each other's hands as a sign of freedom and royalty. We wash our hands to be mindful and aware of our hands — how we touch, what we touch, and ultimately using our hands with care.

Urchatz is a time to think about opportunity and challenges we have with our hands. It also allows us to think about how we might be able to "lend a hand" to help others.

By Rav Uri Schneider

 KARPAS כַּרְפַּס

 Take the Karpas, dip it into the salt water, and recite the following blessing:

בָּרוּךְ אַתָּה יְיָ, אֱלֹהֵינוּ מֶלֶךְ הָעוֹלָם,
בּוֹרֵא פְּרִי הָאֲדָמָה:

Where it all Started כַּרְפַּס

We dip the Karpas to remember how Yosef's brothers dipped his robe in blood, sold him, and caused suffering to their father, Yaakov.

The Ben Ish Hai explains that we need to first understand the roots of Israel's four hundred years of slavery and not just how we were freed. It all begins with the story of Yosef and his brothers.

We are brothers. If we let hatred, envy, and rivalry control us, who knows what bitter end it will lead to?

By Rabbanit Shira Marili Mirvis

YACHATZ יַחַץ

Break the middle Matzah into two, one piece larger than the other.
Set aside the larger piece of Matzah as the Afikoman.
Put the smaller piece of Matzah back in between the two whole *Matzot*.

We are Just a Piece יַחַץ

Every situation, no matter how painful, can always offer a chance for growth, purpose, and belonging. *Yachatz* shows that broken pieces that were once whole are still "Matzah," and what is more, they take on a new, vital purpose.

If we feel whole, there is no room left for us to grow. When we realize we are a broken piece of a much bigger whole, then with God's help, we can grow to create more healing, more light, and even witness great miracles.

By Leora Ashman

MAGGID מַגִּיד

Turn your attention to the Matzah by uncovering the Matzah during *Ha Lachma Anya*. Some have the custom to lift up the Matzah.

Our Story מַגִּיד

God commands us on Seder night to tell the story of our people and of the Exodus. Tonight, the telling of our story is a *Mitzvah D'Oraita*, a Torah commandment.

By telling our story tonight, we build and strengthen our Jewish identity, and we remind ourselves of what it means to be a Jew.

With everyone taking part and sharing these thoughts, it is helping me "tell" the story.

By Eitan Ashman

הָא לַחְמָא עַנְיָא

דִּי אֲכָלוּ אַבְהָתָנָא בְּאַרְעָא דְמִצְרָיִם.

כָּל דִּכְפִין יֵיתֵי וְיֵיכוֹל כָּל דִּצְרִיךְ יֵיתֵי וְיִפְסַח.

הָשַׁתָּא הָכָא, לְשָׁנָה הַבָּאָה בְּאַרְעָא דְיִשְׂרָאֵל.

הָשַׁתָּא עַבְדֵי, לְשָׁנָה הַבָּאָה בְּנֵי חוֹרִין:

הָא לַחְמָא עַנְיָא

An Invitation for All to Learn

In הָא לַחְמָא עַנְיָא we invite people in need to join the Seder. Why don't we say this at the very start? The next section of מַה נִּשְׁתַּנָה provides part of the answer. If we do not read הָא לַחְמָא עַנְיָא in a literal manner, then the paragraph can be an encouragement to those who are already at the table and are hungry for inspiration and to learn (rather than geared toward poor, hungry people). We then begin teaching the basic laws found in מַה נִּשְׁתַּנָה, so that everyone has some knowledge, and no one feels left out.

By Ayal Shulman and Sam Wolfson

Inclusive Language הָא לַחְמָא עַנְיָא

We begin the Seder by inviting in all who are in need. And we do so in the common language understood by everyone. Today, we should invite whomever we can to our Seder by using language that they can understand — whether it be through words or gestures.

By Eitan Ashman

 ## The Answer Bread הָא לַחְמָא עַנְיָא

Ha Lachma Anya literally means "the Answer Bread." On Seder night, while so much revolves around talking and storytelling, we should not overlook the power of symbols — and specifically, the symbol of the Matzah. And so we uncover it here, at Maggid, to let the Matzah do the talking, which means that for those who cannot speak so easily, the *"Lechem Oni"* should be used to its fullest, and it should be given the responsibility of being "the Answer Bread" — the bread which provides us with answers to our questions.

By Rabbi Johnny Solomon

כָּל דִכְפִין יֵיתֵי וְיֵיכֹל כָּל דִצְרִיךְ יֵיתֵי וְיִפְסַח

The Role of Freedom and Unity

In Maggid, we invite anyone who is hungry to join our Seder. Some are hungry for food, and some are hungry for company or friendship. Rav Soloveitchik teaches that slaves care only about survival, unsure of their next meal.

Leaving Egypt made us a free people, empowering us with the duty of helping others in need. This invitation celebrates freedom and unity with our Jewish community.

It is a reminder that our nation was founded upon the values of *chessed* and *tzedakah*.

By Malka Hubscher

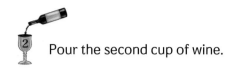

Pour the second cup of wine.

מַה נִּשְׁתַּנָּה הַלַּיְלָה הַזֶּה מִכָּל הַלֵּילוֹת?
שֶׁבְּכָל הַלֵּילוֹת אָנוּ אוֹכְלִין חָמֵץ וּמַצָּה,
הַלַּיְלָה הַזֶּה כֻּלּוֹ מַצָּה:
שֶׁבְּכָל הַלֵּילוֹת אָנוּ אוֹכְלִין שְׁאָר יְרָקוֹת,
הַלַּיְלָה הַזֶּה מָרוֹר:
שֶׁבְּכָל הַלֵּילוֹת אֵין אָנוּ מַטְבִּילִין אֲפִילוּ פַּעַם אֶחָת,
הַלַּיְלָה הַזֶּה שְׁתֵּי פְעָמִים:
שֶׁבְּכָל הַלֵּילוֹת אָנוּ אוֹכְלִין בֵּין יוֹשְׁבִין וּבֵין מְסֻבִּין,
הַלַּיְלָה הַזֶּה כֻּלָּנוּ מְסֻבִּין:

Our Legacy מַה נִּשְׁתַּנָּה

Tradition holds that the Four Questions are sung by the youngest person at the Seder. At our Seder one year, my father sang these questions in Yiddish. He explained that this was the way his father taught him, and he now wanted to teach his grandchildren this custom. We must work hard to pass on the values and Jewish traditions of our parents and grandparents so that they will not be forgotten.

By Jeff Weener

Transitions in Life מַה נִּשְׁתַּנָה

In *Ma Nishtana* the Abarbanel highlights the themes of slavery and freedom. Matzah and Maror recall the slavery, while dipping and leaning represent dignity and freedom. This mirrors the swift transition from slavery to freedom on the same night. Like the transition between *Yom HaZikaron* and *Yom HaAtzmaut*, we mourn and grieve – and then rise with pride. This resilience and ability to rebuild – rooted in our history – is our nation's superpower.

By Leora and Eitan Ashman

Written *l'ilui nishmat,* and in memory, of our dear friend Staff Sgt. Golani soldier Roey Chaim Weiser, *Hy"d,* who was killed in battle fighting Hamas terrorists at the Erez Junction on Simchat Torah תשפ"ד; and for all of our heroes who were killed and wounded sanctifying God's name for the sake of our holy country and land, and for being a Jew. Despite the hurt and pain, tonight we remember their dedication and heroism that inspires us each day to do more good, be kind, help others, live, and be the best we can be, doing so with a smile.

עֲבָדִים הָיִינוּ לְפַרְעֹה בְּמִצְרָיִם. וַיּוֹצִיאֵנוּ יְיָ אֱלֹהֵינוּ מִשָּׁם, בְּיָד חֲזָקָה וּבִזְרוֹעַ נְטוּיָה, וְאִלּוּ לֹא הוֹצִיא הַקָּדוֹשׁ בָּרוּךְ הוּא אֶת־אֲבוֹתֵינוּ מִמִּצְרַיִם, הֲרֵי אָנוּ וּבָנֵינוּ וּבְנֵי בָנֵינוּ, מְשֻׁעְבָּדִים הָיִינוּ לְפַרְעֹה בְּמִצְרָיִם. וַאֲפִילוּ כֻּלָּנוּ חֲכָמִים, כֻּלָּנוּ נְבוֹנִים, כֻּלָּנוּ זְקֵנִים, כֻּלָּנוּ יוֹדְעִים אֶת־הַתּוֹרָה, מִצְוָה עָלֵינוּ לְסַפֵּר בִּיצִיאַת מִצְרָיִם. וְכָל הַמַּרְבֶּה לְסַפֵּר בִּיצִיאַת מִצְרַיִם, הֲרֵי זֶה מְשֻׁבָּח:

מַעֲשֶׂה בְּרַבִּי אֱלִיעֶזֶר, וְרַבִּי יְהוֹשֻׁעַ, וְרַבִּי אֶלְעָזָר בֶּן־עֲזַרְיָה, וְרַבִּי עֲקִיבָא, וְרַבִּי טַרְפוֹן, שֶׁהָיוּ מְסֻבִּין בִּבְנֵי־בְרַק, וְהָיוּ מְסַפְּרִים בִּיצִיאַת מִצְרַיִם, כָּל־אוֹתוֹ הַלַּיְלָה, עַד שֶׁבָּאוּ תַלְמִידֵיהֶם וְאָמְרוּ לָהֶם: רַבּוֹתֵינוּ, הִגִּיעַ זְמַן קְרִיאַת שְׁמַע, שֶׁל שַׁחֲרִית:

אָמַר רַבִּי אֶלְעָזָר בֶּן־עֲזַרְיָה. הֲרֵי אֲנִי כְּבֶן שִׁבְעִים שָׁנָה, וְלֹא זָכִיתִי שֶׁתֵּאָמֵר יְצִיאַת מִצְרַיִם בַּלֵּילוֹת. עַד שֶׁדְּרָשָׁהּ בֶּן זוֹמָא. שֶׁנֶּאֱמַר (דברים טז, ג): לְמַעַן תִּזְכֹּר אֶת יוֹם צֵאתְךָ מֵאֶרֶץ מִצְרַיִם כֹּל יְמֵי חַיֶּיךָ. יְמֵי חַיֶּיךָ הַיָּמִים. כֹּל יְמֵי חַיֶּיךָ הַלֵּילוֹת. וַחֲכָמִים אוֹמְרִים: יְמֵי חַיֶּיךָ הָעוֹלָם הַזֶּה. כֹּל יְמֵי חַיֶּיךָ לְהָבִיא לִימוֹת הַמָּשִׁיחַ:

שֶׁהָיוּ מְסַבִּין בִּבְנֵי בְרַק

Sharing a Collective History and Praying for a Collective Redemption

In the Haggadah, the Rabbis who shared a Seder in Bnei Brak all had different backgrounds. They descended from converts, Kohanim, and Levites. None of their ancestors were actually slaves in Egypt, yet they all retold the Pesach story with as much passion as if they themselves had been slaves.

Seder night reminds us that we are part of something bigger than our own individual lives: we all share a collective history, and we all pray for a collective redemption.

By Rav Dr. Aharon Wexler

בָּרוּךְ הַמָּקוֹם. בָּרוּךְ הוּא.
בָּרוּךְ שֶׁנָּתַן תּוֹרָה לְעַמּוֹ יִשְׂרָאֵל.
בָּרוּךְ הוּא.

כְּנֶגֶד אַרְבָּעָה בָנִים דִּבְּרָה תּוֹרָה.
אֶחָד חָכָם, וְאֶחָד רָשָׁע, וְאֶחָד
תָּם, וְאֶחָד שֶׁאֵינוֹ יוֹדֵעַ לִשְׁאוֹל:

חָכָם מַה הוּא אוֹמֵר? מָה הָעֵדֹת
וְהַחֻקִּים וְהַמִּשְׁפָּטִים, אֲשֶׁר צִוָּה יְיָ
אֱלֹהֵינוּ אֶתְכֶם? (דברים ו, כ) וְאַף אַתָּה אֱמָר־
לוֹ כְּהִלְכוֹת הַפֶּסַח: אֵין מַפְטִירִין אַחַר
הַפֶּסַח אֲפִיקוֹמָן:

Israel My Homeland　בָּרוּךְ הַמָּקוֹם

While *HaMakom* is generally understood to be referring to God, it can also be referring to "the place" — meaning the Land of Israel. And whatever challenges I may have or I may face, *"Baruch HaMakom"* — we are blessed to have this place, our homeland, the Land of Israel, to live in.

By Eitan Ashman

The Four Children　אַרְבָּעָה בָנִים

The Sfat Emet teaches us that there is a part of each of the four children in all of us. We need the ability to connect with Hashem on all of these levels, and teach and learn based on each of these different personalities.

By Eitan Ashman

רָשָׁע מַה הוּא אוֹמֵר? מָה הָעֲבוֹדָה הַזֹּאת לָכֶם? (דברים יב, כו) לָכֶם, וְלֹא לוֹ. וּלְפִי שֶׁהוֹצִיא אֶת־עַצְמוֹ מִן הַכְּלָל, כָּפַר בָּעִקָּר. וְאַף אַתָּה הַקְהֵה אֶת־שִׁנָּיו, וֶאֱמָר־לוֹ: בַּעֲבוּר זֶה, עָשָׂה יְיָ לִי, בְּצֵאתִי מִמִּצְרָיִם. (שמות יג, ח) לִי, וְלֹא־לוֹ. אִלּוּ הָיָה שָׁם, לֹא הָיָה נִגְאָל:

תָּם מַה הוּא אוֹמֵר? מַה זֹּאת? וְאָמַרְתָּ אֵלָיו: בְּחֹזֶק יָד הוֹצִיאָנוּ יְיָ מִמִּצְרָיִם מִבֵּית עֲבָדִים: (שמות יג, יד)

וְשֶׁאֵינוֹ יוֹדֵעַ לִשְׁאוֹל, אַתְּ פְּתַח לוֹ. שֶׁנֶּאֱמַר (שמות יג, ח): וְהִגַּדְתָּ לְבִנְךָ, בַּיוֹם הַהוּא לֵאמֹר: בַּעֲבוּר זֶה עָשָׂה יְיָ לִי, בְּצֵאתִי מִמִּצְרָיִם.

אַתְּ פְּתַח לוֹ

Giving Everyone a Voice

The concept of "one who does not know how to ask" can apply to people with speech and communication challenges. How should we relate to them? In the Haggadah, it is up to the parent to help the child who cannot ask: "You should begin for them." The same applies to anyone with communication challenges.

We can help them express their thoughts and ask questions through speech, writing, gestures, eye contact, or other means — because everyone deserves the right to communicate and be heard.

By Merav Raveh-Malka

Choose Life וְהִגַּדְתָּ לְבִנְךָ

"You shall tell your children" is the most important *mitzvah* of Seder Night.

In our family, I will fulfill this *mitzvah* by telling the four children of my son Eliraz Peretz, *Hy"d,* the Deputy Commander of the 12th Golani brigade, who fell in battle in Gaza, three days before Pesach on the 11th of Nissan.

I will tell them of our personal Haggadah, about their father, who they were fortunate to know, but only for a short time before he was killed. I will tell them of the dream to move to *Eretz Yisrael,* and the excitement of reading "Next Year in Jerusalem."

However, I will also tell them that in order to be free in our land, our family paid a heavy price: their father Eliraz, and his older brother Uriel who fell in the Lebanon war.

I will end the story with a line from *Hallel:* "I will not die, but live, and I will tell of God's acts." We choose to carry on and live life.

By Miriam Peretz

Pulling Down Holiness וְהִגַּדְתָּ לְבִנְךָ

The word "Haggadah" comes from the root נגד. In Aramaic, this means "pull." When we speak or convey the holy words of the Haggadah, with all their mystical wordplay and secrets, with all their stories, midrashim, and *pesukim* that praise Hashem, we "pull" holy *shefa*, abundance, down into our world.

May we have the merit to use these holy words, and all the light they bring until the full redemption.

By Igal Shetrit

יָכוֹל מֵרֹאשׁ חֹדֶשׁ, תַּלְמוּד לוֹמַר בַּיּוֹם הַהוּא. אִי בַּיּוֹם הַהוּא. יָכוֹל מִבְּעוֹד יוֹם. תַּלְמוּד לוֹמַר (שמות יג, ח) בַּעֲבוּר זֶה. בַּעֲבוּר זֶה לֹא אָמַרְתִּי, אֶלָּא בְּשָׁעָה שֶׁיֵּשׁ מַצָּה וּמָרוֹר מֻנָּחִים לְפָנֶיךָ:

מִתְּחִלָּה עוֹבְדֵי עֲבוֹדָה זָרָה הָיוּ אֲבוֹתֵינוּ. וְעַכְשָׁו קֵרְבָנוּ הַמָּקוֹם לַעֲבוֹדָתוֹ. שֶׁנֶּאֱמַר (יהושע כד, ב-ד): וַיֹּאמֶר יְהוֹשֻׁעַ אֶל־כָּל־הָעָם. כֹּה אָמַר יְיָ אֱלֹהֵי יִשְׂרָאֵל, בְּעֵבֶר הַנָּהָר יָשְׁבוּ אֲבוֹתֵיכֶם מֵעוֹלָם, תֶּרַח אֲבִי אַבְרָהָם וַאֲבִי נָחוֹר. וַיַּעַבְדוּ אֱלֹהִים אֲחֵרִים: וָאֶקַּח אֶת־אֲבִיכֶם אֶת־אַבְרָהָם מֵעֵבֶר הַנָּהָר, וָאוֹלֵךְ אוֹתוֹ בְּכָל־אֶרֶץ כְּנָעַן. וָאַרְבֶּה אֶת־זַרְעוֹ וָאֶתֶּן לוֹ אֶת־יִצְחָק: וָאֶתֵּן לְיִצְחָק אֶת־יַעֲקֹב וְאֶת־עֵשָׂו. וָאֶתֵּן לְעֵשָׂו אֶת הַר־שֵׂעִיר, לָרֶשֶׁת אוֹתוֹ. וְיַעֲקֹב וּבָנָיו יָרְדוּ מִצְרָיִם:

מִתְּחִלָּה עוֹבְדֵי עֲבוֹדָה זָרָה הָיוּ אֲבוֹתֵינוּ וְעַכְשָׁיו

Keeping our Relationships Fresh

These words appear after the section of the four children. The common understanding is that the story of our Exodus begins with shame and ends with praise.

Another way to understand this, learned from Rav Moshe Weinberger, is: If our connections with loved ones are based on outdated or biased ideas (מִתְּחִלָּה), this could create distance from Hashem (a form of עֲבוֹדָה זָרָה).

But if we engage our loved ones based upon where they are now and what they need most from us at this moment (וְעַכְשָׁיו), then this will lead to increased closeness to them and to Hashem.

By Shimie Klein

בָּרוּךְ שׁוֹמֵר הַבְטָחָתוֹ לְיִשְׂרָאֵל. בָּרוּךְ הוּא. שֶׁהַקָּדוֹשׁ בָּרוּךְ הוּא חִשַּׁב אֶת־הַקֵּץ, לַעֲשׂוֹת כְּמָה שֶׁאָמַר לְאַבְרָהָם אָבִינוּ בִּבְרִית בֵּין הַבְּתָרִים, שֶׁנֶּאֱמַר (בראשית טו, יג-יד): וַיֹּאמֶר לְאַבְרָם יָדֹעַ תֵּדַע כִּי־גֵר יִהְיֶה זַרְעֲךָ בְּאֶרֶץ לֹא לָהֶם וַעֲבָדוּם וְעִנּוּ אֹתָם אַרְבַּע מֵאוֹת שָׁנָה: וְגַם אֶת־הַגּוֹי אֲשֶׁר יַעֲבֹדוּ דָּן אָנֹכִי. וְאַחֲרֵי כֵן יֵצְאוּ, בִּרְכֻשׁ גָּדוֹל:

בָּרוּךְ שׁוֹמֵר הַבְטָחָתוֹ

Be Proud and Remember Who You Are!

The Jewish people became too comfortable in Egypt and forgot where they truly belonged. Even after they left, many wanted to go back! God made us slaves to remind us that we don't belong in exile.

The same is true today — Israel is flourishing, yet people are afraid to leave exile. We must remember who we are as Jews and be a proud nation in our own land!

By Ari Fuld, *Hy"d*

(Submitted by Miriam Fuld)

 Cover the Matzah and turn your attention to the wine.
Some have the custom to raise their cup of wine.

וְהִיא שֶׁעָמְדָה לַאֲבוֹתֵינוּ וְלָנוּ. שֶׁלֹּא אֶחָד בִּלְבָד, עָמַד עָלֵינוּ לְכַלּוֹתֵנוּ אֶלָּא שֶׁבְּכָל דּוֹר וָדוֹר, עוֹמְדִים עָלֵינוּ לְכַלּוֹתֵנוּ. וְהַקָּדוֹשׁ בָּרוּךְ הוּא מַצִּילֵנוּ מִיָּדָם:

 A Song of Promise וְהִיא שֶׁעָמְדָה

This song is a promise that each generation will be helped to find ways to overcome the hardships they go through. And that even when our situation is tough, God will be there for us.

By Eitan Ashman

Daily Miracles וְהִיא שֶׁעָמְדָה

What does *"Vehi"* – "And it" – refer to? Who stood up for us? "It" is the *brit* between God and Avraham, "it" is the cup we hold when we say *"Vehi She'amda,"* which gave us strength in exile and kept us apart from other nations, but together as Jews. "It" is also a reminder of God's salvation which continues to this day, with the national and personal daily miracles Hashem performs for *Am Yisrael.*

By Elad Barzilay

If you are holding your wine, put it down. Then, turn your attention to the Matzah by uncovering the Matzah.

צֵא וּלְמַד, מַה בִּקֵּשׁ לָבָן הָאֲרַמִּי לַעֲשׂוֹת לְיַעֲקֹב אָבִינוּ. שֶׁפַּרְעֹה לֹא גָזַר אֶלָּא עַל הַזְּכָרִים, וְלָבָן בִּקֵּשׁ לַעֲקֹר אֶת־הַכֹּל. שֶׁנֶּאֱמַר (דברים כו, ה):

אֲרַמִּי אֹבֵד אָבִי, וַיֵּרֶד מִצְרַיְמָה, וַיָּגָר שָׁם בִּמְתֵי מְעָט. וַיְהִי שָׁם לְגוֹי גָּדוֹל, עָצוּם וָרָב:

וַיֵּרֶד מִצְרַיְמָה, אָנוּס עַל פִּי הַדִּבּוּר:

וַיָּגָר שָׁם. מְלַמֵּד שֶׁלֹּא יָרַד יַעֲקֹב אָבִינוּ לְהִשְׁתַּקֵּעַ בְּמִצְרַיִם, אֶלָּא לָגוּר שָׁם, שֶׁנֶּאֱמַר (בראשית מז, ד): וַיֹּאמְרוּ אֶל־פַּרְעֹה, לָגוּר בָּאָרֶץ בָּאנוּ, כִּי אֵין מִרְעֶה לַצֹּאן אֲשֶׁר לַעֲבָדֶיךָ, כִּי כָבֵד הָרָעָב בְּאֶרֶץ כְּנָעַן. וְעַתָּה, יֵשְׁבוּ־נָא עֲבָדֶיךָ בְּאֶרֶץ גֹּשֶׁן:

בִּמְתֵי מְעָט. כְּמָה שֶׁנֶּאֱמַר (דברים י, כב): בְּשִׁבְעִים נֶפֶשׁ, יָרְדוּ אֲבוֹתֶיךָ מִצְרָיְמָה. וְעַתָּה, שָׂמְךָ יְיָ אֱלֹהֶיךָ, כְּכוֹכְבֵי הַשָּׁמַיִם לָרֹב:

וַיְהִי שָׁם לְגוֹי. מְלַמֵּד שֶׁהָיוּ יִשְׂרָאֵל מְצֻיָּנִים שָׁם:

גָּדוֹל, עָצוּם. כְּמָה שֶׁנֶּאֱמַר (שמות א, ז): וּבְנֵי יִשְׂרָאֵל, פָּרוּ וַיִּשְׁרְצוּ, וַיִּרְבּוּ וַיַּעַצְמוּ, בִּמְאֹד מְאֹד, וַתִּמָּלֵא הָאָרֶץ אֹתָם:

אֲרַמִּי אֹבֵד אָבִי
The Power of Praise

Why does the Haggadah begin by recording the hardships in Egypt and end with the Hallel praise?

Life is full of hardships and challenges. Yet, if we notice and pay attention to the good that we have in our lives on a daily basis, and give specific praise to God, to a spouse, to a child, to a parent, to a friend or anyone else, then as a result, our relationship with God, our family, ourselves, and others can become much stronger and more enriched.

By Gabrielle Hodes

וָרֶב. כְּמָה שֶׁנֶּאֱמַר (יחזקאל טז, ו): רְבָבָה כְּצֶמַח הַשָּׂדֶה נְתַתִּיךְ, וַתִּרְבִּי, וַתִּגְדְּלִי, וַתָּבֹאִי בַּעֲדִי עֲדָיִים: שָׁדַיִם נָכֹנוּ, וּשְׂעָרֵךְ צִמֵּחַ, וְאַתְּ עֵרֹם וְעֶרְיָה: וָאֶעֱבֹר עָלַיִךְ וָאֶרְאֵךְ מִתְבּוֹסֶסֶת בְּדָמָיִךְ וָאֹמַר לָךְ בְּדָמַיִךְ חֲיִי וָאֹמַר לָךְ בְּדָמַיִךְ חֲיִי:

וַיָּרֵעוּ אֹתָנוּ הַמִּצְרִים וַיְעַנּוּנוּ. וַיִּתְּנוּ עָלֵינוּ עֲבֹדָה קָשָׁה: (דברים כו, ו)

וַיָּרֵעוּ אֹתָנוּ הַמִּצְרִים. כְּמָה שֶׁנֶּאֱמַר (שמות א, י): הָבָה נִתְחַכְּמָה לוֹ, פֶּן יִרְבֶּה, וְהָיָה כִּי תִקְרֶאנָה מִלְחָמָה, וְנוֹסַף גַּם הוּא עַל־שֹׂנְאֵינוּ, וְנִלְחַם־בָּנוּ וְעָלָה מִן־הָאָרֶץ:

וַיְעַנּוּנוּ. כְּמָה שֶׁנֶּאֱמַר (שמות א, יא): וַיָּשִׂימוּ עָלָיו שָׂרֵי מִסִּים, לְמַעַן עַנֹּתוֹ בְּסִבְלֹתָם: וַיִּבֶן עָרֵי מִסְכְּנוֹת לְפַרְעֹה, אֶת־פִּתֹם וְאֶת־רַעַמְסֵס:

וַיִּתְּנוּ עָלֵינוּ עֲבֹדָה קָשָׁה. כְּמָה שֶׁנֶּאֱמַר (שמות א, יג): וַיַּעֲבִדוּ מִצְרַיִם אֶת־בְּנֵי יִשְׂרָאֵל בְּפָרֶךְ:

58

לְמַעַן עַנֹּתוֹ בְּסִבְלֹתָם
Slavery or Limitations

The Gerrer Rebbe explains that the Hebrew verb *lisbol* has the same root as *sivlot*, which means "the ability to tolerate."

Mitzrayim can mean "limitations." So "*sivlot mitzrayim*" may refer to learning to tolerate our limitations. We need to strive to overcome our limitations to achieve more — this is more rewarding than just coping.

May we merit to call out to Hashem to help free ourselves from the *"mitzrayim"* with which we are coping.

By Rav Shlomo Katz

וַנִּצְעַק אֶל־יְיָ אֱלֹהֵי אֲבֹתֵינוּ, וַיִּשְׁמַע יְיָ אֶת־קֹלֵנוּ, וַיַּרְא אֶת־עָנְיֵנוּ, וְאֶת־עֲמָלֵנוּ, וְאֶת לַחֲצֵנוּ: (דברים כו, ז)

וַנִּצְעַק אֶל־יְיָ אֱלֹהֵי אֲבֹתֵינוּ, כְּמָה שֶׁנֶּאֱמַר (שמות ב, כג): וַיְהִי בַיָּמִים הָרַבִּים הָהֵם, וַיָּמָת מֶלֶךְ מִצְרַיִם, וַיֵּאָנְחוּ בְנֵי־יִשְׂרָאֵל מִן־הָעֲבֹדָה וַיִּזְעָקוּ. וַתַּעַל שַׁוְעָתָם אֶל־הָאֱלֹהִים מִן־הָעֲבֹדָה:

וַיִּשְׁמַע יְיָ אֶת קֹלֵנוּ. כְּמָה שֶׁנֶּאֱמַר (שמות ב, כד): וַיִּשְׁמַע אֱלֹהִים אֶת־נַאֲקָתָם, וַיִּזְכֹּר אֱלֹהִים אֶת־בְּרִיתוֹ, אֶת־אַבְרָהָם, אֶת־יִצְחָק וְאֶת־יַעֲקֹב:

וַיַּרְא אֶת־עָנְיֵנוּ. זוֹ פְּרִישׁוּת דֶּרֶךְ אֶרֶץ. כְּמָה שֶׁנֶּאֱמַר (שמות ב, כה): וַיַּרְא אֱלֹהִים אֶת בְּנֵי־יִשְׂרָאֵל. וַיֵּדַע אֱלֹהִים:

וְאֶת־עֲמָלֵנוּ. אֵלּוּ הַבָּנִים. כְּמָה שֶׁנֶּאֱמַר (שמות א, כב): כָּל־הַבֵּן הַיִּלּוֹד הַיְאֹרָה תַּשְׁלִיכֻהוּ, וְכָל־הַבַּת תְּחַיּוּן:

וְאֶת לַחֲצֵנוּ. זֶה הַדְּחַק. כְּמָה שֶׁנֶּאֱמַר (שמות ג, ט): וְגַם־רָאִיתִי אֶת־הַלַּחַץ, אֲשֶׁר מִצְרַיִם לֹחֲצִים אֹתָם:

וַיּוֹצִיאֵנוּ יְיָ מִמִּצְרַיִם, בְּיָד חֲזָקָה, וּבִזְרֹעַ נְטוּיָה, וּבְמֹרָא גָּדוֹל וּבְאֹתוֹת וּבְמוֹפְתִים: (דברים כו, ח)

וַנִּצְעַק אֶל ה' אֱלֹהֵי אֲבֹתֵינוּ
Unbreakable

In the Exodus story, the Burning Bush represents the Jewish people. Even when there seems to be no fuel left, we still burn bright and are not consumed. This sparks our redemption.

At times, life is so difficult and seems hopeless. But this is the time to shine brighter than ever; to cry out to Hashem from a place far deeper than we ever imagined – from the inner fire that can never go out. This cry will spark our redemption.

By Rav Yitzi Hurwitz

וַיּוֹצִיאֵנוּ יְיָ מִמִּצְרַיִם. לֹא עַל־יְדֵי מַלְאָךְ, וְלֹא עַל־יְדֵי שָׂרָף. וְלֹא עַל־יְדֵי שָׁלִיחַ. אֶלָּא הַקָּדוֹשׁ בָּרוּךְ הוּא בִּכְבוֹדוֹ וּבְעַצְמוֹ. שֶׁנֶּאֱמַר (שמות יב, יב): וְעָבַרְתִּי בְאֶרֶץ מִצְרַיִם בַּלַּיְלָה הַזֶּה, וְהִכֵּיתִי כָל־בְּכוֹר בְּאֶרֶץ מִצְרַיִם, מֵאָדָם וְעַד בְּהֵמָה, וּבְכָל־אֱלֹהֵי מִצְרַיִם אֶעֱשֶׂה שְׁפָטִים אֲנִי יְיָ:

וְעָבַרְתִּי בְאֶרֶץ מִצְרַיִם בַּלַּיְלָה הַזֶּה. אֲנִי וְלֹא מַלְאָךְ. וְהִכֵּיתִי כָל בְּכוֹר בְּאֶרֶץ־מִצְרַיִם. אֲנִי וְלֹא שָׂרָף. וּבְכָל־אֱלֹהֵי מִצְרַיִם אֶעֱשֶׂה שְׁפָטִים. אֲנִי וְלֹא הַשָּׁלִיחַ. אֲנִי יְיָ. אֲנִי הוּא וְלֹא אַחֵר:

בְּיָד חֲזָקָה. זוֹ הַדֶּבֶר. כְּמָה שֶׁנֶּאֱמַר (שמות ט, ג): הִנֵּה יַד־יְיָ הוֹיָה, בְּמִקְנְךָ אֲשֶׁר בַּשָּׂדֶה, בַּסּוּסִים בַּחֲמֹרִים בַּגְּמַלִּים, בַּבָּקָר וּבַצֹּאן, דֶּבֶר כָּבֵד מְאֹד:

וּבִזְרֹעַ נְטוּיָה. זוֹ הַחֶרֶב. כְּמָה שֶׁנֶּאֱמַר (דברי הימים־א כא, טז): וְחַרְבּוֹ שְׁלוּפָה בְּיָדוֹ, נְטוּיָה עַל־יְרוּשָׁלָיִם:

וּבְמֹרָא גָדֹל. זֶה גִּלּוּי שְׁכִינָה. כְּמָה שֶׁנֶּאֱמַר (דברים ד, לד): אוֹ הֲנִסָּה אֱלֹהִים, לָבוֹא לָקַחַת לוֹ גוֹי מִקֶּרֶב גּוֹי, בְּמַסֹּת בְּאֹתֹת וּבְמוֹפְתִים וּבְמִלְחָמָה, וּבְיָד חֲזָקָה וּבִזְרוֹעַ נְטוּיָה, וּבְמוֹרָאִים גְּדֹלִים. כְּכֹל אֲשֶׁר־עָשָׂה לָכֶם יְיָ אֱלֹהֵיכֶם בְּמִצְרַיִם, לְעֵינֶיךָ:

וּבְאֹתוֹת. זֶה הַמַּטֶּה, כְּמָה שֶׁנֶּאֱמַר (שמות ד, יז): וְאֶת הַמַּטֶּה הַזֶּה תִּקַּח בְּיָדֶךָ. אֲשֶׁר תַּעֲשֶׂה־בּוֹ אֶת־הָאֹתֹת: **וּבְמֹפְתִים.** זֶה הַדָּם. כְּמָה שֶׁנֶּאֱמַר (יואל ג, ג): וְנָתַתִּי מוֹפְתִים, בַּשָּׁמַיִם וּבָאָרֶץ:

אותות ומופתים

Counting & Recounting Anew

The purpose of the *otot* (signs), as suggested by Seforno (Shemot 7:9) was to instill belief and reliability in Moshe, the messenger, whereas *moftim* (wonders) were necessary to teach the Egyptians of the existence, involvement, and supernatural powers of God, the Sender.

Tonight, as we count and recount the *makkot,* we remember the process through which *Bnei Yisrael,* Pharaoh, and the Egyptians came to recognize God's mighty "hand" in the world, and we renew our consciousness of God's daily wonders.

By Rabbanit Shani Taragin

Some have the custom of spilling 3 drops of wine
while mentioning each of the 3 calamities.

דָּם. וָאֵשׁ. וְתִימְרוֹת עָשָׁן:

דָּבָר אַחֵר. בְּיָד חֲזָקָה שְׁתַּיִם. וּבִזְרֹעַ נְטוּיָה שְׁתַּיִם.
וּבְמוֹרָא גָּדוֹל שְׁתַּיִם. וּבְאֹתוֹת שְׁתַּיִם. וּבְמוֹפְתִים שְׁתַּיִם:

Some have the custom of spilling 10 drops of wine
while mentioning each of the 10 plagues.

**אֵלּוּ עֶשֶׂר מַכּוֹת שֶׁהֵבִיא הַקָּדוֹשׁ בָּרוּךְ הוּא
עַל־הַמִּצְרִים בְּמִצְרַיִם, וְאֵלּוּ הֵן:**

דָּם. צְפַרְדֵּעַ. כִּנִּים. עָרוֹב. דֶּבֶר. שְׁחִין. בָּרָד. אַרְבֶּה. חֹשֶׁךְ. מַכַּת בְּכוֹרוֹת:

Some have the custom of spilling 3 drops of wine
while mentioning each of the 3 acronyms of the plagues.

רַבִּי יְהוּדָה הָיָה נוֹתֵן בָּהֶם סִימָנִים:

דְּצַ"ךְ. עֲדַ"שׁ. בְּאַחַ"ב:

Darkness חֹשֶׁךְ

Everything in life is God's plan. Even when things seem dark, it is all God's plan.

By Eitan Ashman

Nature or Miracle? עֶשֶׂר מַכּוֹת

Gratitude should be learned from the story of the Exodus. The Ramban teaches that all the well-known miracles in Egypt also reveal hidden miracles, even those that appear natural. We should thank God for each blessing, big or small — show gratitude to our loved ones and appreciate the very air we breathe.

By Rav Aharon Bina

Hakarat HaTov דָם

The Nile River provided protection to Moshe when, as a baby, he floated in a basket. For this reason, Aharon, and not Moshe, set in motion the plague of blood. From this we learn *hakarat hatov* (gratitude). Water has no feelings, yet Moshe did not strike the water because it was once involved with saving his life. How much more so should we recognize and appreciate the endless good that Hashem, our community, and our loved ones do for us.

By Natanel Dabush

רַבִּי יוֹסִי הַגְּלִילִי אוֹמֵר: מִנַּיִן אַתָּה אוֹמֵר, שֶׁלָּקוּ הַמִּצְרִים בְּמִצְרַיִם עֶשֶׂר מַכּוֹת, וְעַל הַיָּם, לָקוּ חֲמִשִּׁים מַכּוֹת? בְּמִצְרַיִם מַה הוּא אוֹמֵר? (שמות ח, טו) וַיֹּאמְרוּ הַחַרְטֻמִּם אֶל פַּרְעֹה, אֶצְבַּע אֱלֹהִים הִוא. וְעַל הַיָּם מָה הוּא אוֹמֵר? (שמות יד, לא) וַיַּרְא יִשְׂרָאֵל אֶת־הַיָּד הַגְּדֹלָה, אֲשֶׁר עָשָׂה יְיָ בְּמִצְרַיִם, וַיִּירְאוּ הָעָם אֶת־יְיָ. וַיַּאֲמִינוּ בַּייָ, וּבְמשֶׁה עַבְדּוֹ: כַּמָּה לָקוּ בְּאֶצְבַּע, עֶשֶׂר מַכּוֹת: אֱמוֹר מֵעַתָּה, בְּמִצְרַיִם לָקוּ עֶשֶׂר מַכּוֹת, וְעַל הַיָּם, לָקוּ חֲמִשִּׁים מַכּוֹת:

רַבִּי אֱלִיעֶזֶר אוֹמֵר: מִנַּיִן שֶׁכָּל־מַכָּה וּמַכָּה, שֶׁהֵבִיא הַקָּדוֹשׁ בָּרוּךְ הוּא עַל הַמִּצְרִים בְּמִצְרַיִם, הָיְתָה שֶׁל אַרְבַּע מַכּוֹת? שֶׁנֶּאֱמַר (תהילים עח, מט): יְשַׁלַּח־בָּם חֲרוֹן אַפּוֹ, עֶבְרָה וָזַעַם וְצָרָה. מִשְׁלַחַת מַלְאֲכֵי רָעִים: עֶבְרָה - אַחַת. וָזַעַם - שְׁתַּיִם. וְצָרָה - שָׁלֹשׁ. מִשְׁלַחַת מַלְאֲכֵי רָעִים - אַרְבַּע: אֱמוֹר מֵעַתָּה, בְּמִצְרַיִם לָקוּ אַרְבָּעִים מַכּוֹת, וְעַל הַיָּם לָקוּ מָאתַיִם מַכּוֹת:

רַבִּי עֲקִיבָא אוֹמֵר: מִנַּיִן שֶׁכָּל־מַכָּה וּמַכָּה, שֶׁהֵבִיא הַקָּדוֹשׁ בָּרוּךְ הוּא עַל הַמִּצְרִים בְּמִצְרַיִם, הָיְתָה שֶׁל חָמֵשׁ מַכּוֹת? שֶׁנֶּאֱמַר (תהילים עח, מט): יְשַׁלַּח־בָּם חֲרוֹן אַפּוֹ, עֶבְרָה וָזַעַם וְצָרָה. מִשְׁלַחַת מַלְאֲכֵי רָעִים. חֲרוֹן אַפּוֹ - אַחַת. עֶבְרָה - שְׁתַּיִם. וָזַעַם - שָׁלֹשׁ. וְצָרָה - אַרְבַּע. מִשְׁלַחַת מַלְאֲכֵי רָעִים - חָמֵשׁ: אֱמוֹר מֵעַתָּה, בְּמִצְרַיִם לָקוּ חֲמִשִּׁים מַכּוֹת, וְעַל הַיָּם לָקוּ חֲמִשִּׁים וּמָאתַיִם מַכּוֹת:

וַיַּאֲמִינוּ

Belief in God, Others, and Ourselves

We are told that when the Jewish people left Egypt, *vaya'aminu* — "and they believed." Clearly, this means that they believed in God and also in Moshe. But what it also means is that they believed in themselves.

As Rav Tzadok HaKohen explains, just as we must believe in God, so too we must believe in ourselves — and the ability we each have to achieve great things.

By Eitan Ashman

כַּמָּה מַעֲלוֹת טוֹבוֹת לַמָּקוֹם עָלֵינוּ:

אִלּוּ הוֹצִיאָנוּ מִמִּצְרַיִם, וְלֹא עָשָׂה בָהֶם שְׁפָטִים, **דַּיֵּנוּ:**

אִלּוּ עָשָׂה בָהֶם שְׁפָטִים, וְלֹא עָשָׂה בֵאלֹהֵיהֶם, **דַּיֵּנוּ:**

אִלּוּ עָשָׂה בֵאלֹהֵיהֶם, וְלֹא הָרַג אֶת־בְּכוֹרֵיהֶם, **דַּיֵּנוּ:**

אִלּוּ הָרַג אֶת־בְּכוֹרֵיהֶם, וְלֹא נָתַן לָנוּ אֶת־מָמוֹנָם, **דַּיֵּנוּ:**

אִלּוּ נָתַן לָנוּ אֶת־מָמוֹנָם, וְלֹא קָרַע לָנוּ אֶת־הַיָּם, **דַּיֵּנוּ:**

אִלּוּ קָרַע לָנוּ אֶת־הַיָּם, וְלֹא הֶעֱבִירָנוּ בְּתוֹכוֹ בֶּחָרָבָה, **דַּיֵּנוּ:**

אִלּוּ הֶעֱבִירָנוּ בְּתוֹכוֹ בֶּחָרָבָה, וְלֹא שִׁקַּע צָרֵינוּ בְּתוֹכוֹ, **דַּיֵּנוּ:**

אִלּוּ שִׁקַּע צָרֵינוּ בְּתוֹכוֹ, וְלֹא סִפֵּק צָרְכֵּנוּ בַּמִּדְבָּר אַרְבָּעִים שָׁנָה, **דַּיֵּנוּ:**

אִלּוּ סִפֵּק צָרְכֵּנוּ בַּמִּדְבָּר אַרְבָּעִים שָׁנָה, וְלֹא הֶאֱכִילָנוּ אֶת־הַמָּן, **דַּיֵּנוּ:**

אִלּוּ הֶאֱכִילָנוּ אֶת־הַמָּן, וְלֹא נָתַן לָנוּ אֶת־הַשַּׁבָּת, **דַּיֵּנוּ:**

אִלּוּ נָתַן לָנוּ אֶת־הַשַּׁבָּת, וְלֹא קֵרְבָנוּ לִפְנֵי הַר סִינַי, **דַּיֵּנוּ:**

What Can I Do? דַּיֵּנוּ

The song *Dayeinu* is about knowing that even when we don't have all that we want, we should thank God for all that we have. There are times when I get frustrated with what I can't do, but when that happens, I think about what I can do – and then I say *Dayeinu*.

By Eitan Ashman

It's All About the Journey דַּיֵּנוּ

Seder night is not only about leaving Egypt. The journey is just as important: our relationship with Hashem from the beginning until the hopeful future. Leaving Egypt paved the way for an eternal bond with God. Life can bring bumps, hard days, and tough times, but when we can zoom out and appreciate the bigger picture of what we have – we have more strength and more gratitude to draw upon.

By Jeremy Lustman

אִלּוּ קֵרְבָנוּ לִפְנֵי הַר סִינַי, וְלֹא נָתַן לָנוּ אֶת־הַתּוֹרָה, דַּיֵּנוּ:

אִלּוּ נָתַן לָנוּ אֶת־הַתּוֹרָה, וְלֹא הִכְנִיסָנוּ לְאֶרֶץ יִשְׂרָאֵל, דַּיֵּנוּ:

אִלּוּ הִכְנִיסָנוּ לְאֶרֶץ יִשְׂרָאֵל, וְלֹא בָנָה לָנוּ אֶת־בֵּית הַבְּחִירָה, דַּיֵּנוּ:

עַל אַחַת כַּמָּה וְכַמָּה טוֹבָה כְפוּלָה וּמְכוּפֶּלֶת לַמָּקוֹם עָלֵינוּ: שֶׁהוֹצִיאָנוּ מִמִּצְרַיִם, וְעָשָׂה בָהֶם שְׁפָטִים, וְעָשָׂה בֵאלֹהֵיהֶם, וְהָרַג אֶת־בְּכוֹרֵיהֶם, וְנָתַן לָנוּ אֶת־מָמוֹנָם, וְקָרַע לָנוּ אֶת־הַיָּם, וְהֶעֱבִירָנוּ בְתוֹכוֹ בֶּחָרָבָה, וְשִׁקַּע צָרֵינוּ בְּתוֹכוֹ, וְסִפֵּק צָרְכֵּנוּ בַּמִּדְבָּר אַרְבָּעִים שָׁנָה, וְהֶאֱכִילָנוּ אֶת־הַמָּן, וְנָתַן לָנוּ אֶת־הַשַּׁבָּת, וְקֵרְבָנוּ לִפְנֵי הַר סִינַי, וְנָתַן לָנוּ אֶת־הַתּוֹרָה, וְהִכְנִיסָנוּ לְאֶרֶץ יִשְׂרָאֵל, וּבָנָה לָנוּ אֶת־בֵּית הַבְּחִירָה, לְכַפֵּר עַל־כָּל־עֲוֹנוֹתֵינוּ:

אִלּוּ קֵרְבָנוּ לִפְנֵי הַר סִינַי
Turn from Evil and do Good

If He had brought us before Mount Sinai, but did not give us the Torah — *Dayeinu.*

What would have been the point of bringing us to Mount Sinai without giving us the Torah?

Rav Kook explains that every process of *tikkun* has two stages: "Turn from evil," and "do good." Mount Sinai itself was a place of special holiness that cleansed Israel from their impurity of exile. That was "turning from evil"; the second stage was receiving the Torah and keeping it — "doing good."

Every step along the way is meaningful.

By Rav Shimon Golan

רַבָּן גַּמְלִיאֵל הָיָה אוֹמֵר: כָּל שֶׁלֹּא אָמַר שְׁלֹשָׁה דְּבָרִים אֵלּוּ בַּפֶּסַח, לֹא יָצָא יְדֵי חוֹבָתוֹ, וְאֵלּוּ הֵן:

פֶּסַח. מַצָּה. וּמָרוֹר:

Turn your attention to the shankbone.

פֶּסַח שֶׁהָיוּ אֲבוֹתֵינוּ אוֹכְלִים, בִּזְמַן שֶׁבֵּית הַמִּקְדָּשׁ הָיָה קַיָּם, עַל שׁוּם מָה? עַל שׁוּם שֶׁפָּסַח הַקָּדוֹשׁ בָּרוּךְ הוּא, עַל בָּתֵּי אֲבוֹתֵינוּ בְּמִצְרַיִם, שֶׁנֶּאֱמַר (שמות יב, כז): וַאֲמַרְתֶּם זֶבַח פֶּסַח הוּא לַיְיָ, אֲשֶׁר פָּסַח עַל בָּתֵּי בְנֵי יִשְׂרָאֵל בְּמִצְרַיִם, בְּנָגְפּוֹ אֶת־מִצְרַיִם וְאֶת־בָּתֵּינוּ הִצִּיל, וַיִּקֹּד הָעָם וַיִּשְׁתַּחֲווּ:

Turn your attention to the Matzah by uncovering the Matzah.
Some have the custom to lift up the Matzah.

מַצָּה זוֹ שֶׁאָנוּ אוֹכְלִים, עַל שׁוּם מָה? עַל שׁוּם שֶׁלֹּא הִסְפִּיק בְּצֵקָם שֶׁל אֲבוֹתֵינוּ לְהַחֲמִיץ, עַד שֶׁנִּגְלָה עֲלֵיהֶם מֶלֶךְ מַלְכֵי הַמְּלָכִים, הַקָּדוֹשׁ בָּרוּךְ הוּא, וּגְאָלָם, שֶׁנֶּאֱמַר (שמות יב, לט): וַיֹּאפוּ אֶת־הַבָּצֵק, אֲשֶׁר הוֹצִיאוּ מִמִּצְרַיִם, עֻגֹת מַצּוֹת, כִּי לֹא חָמֵץ: כִּי גֹרְשׁוּ מִמִּצְרַיִם, וְלֹא יָכְלוּ לְהִתְמַהְמֵהַּ, וְגַם צֵדָה לֹא עָשׂוּ לָהֶם.

Turn your attention to the Maror.
Some have the custom to lift up the Maror.

מָרוֹר זֶה שֶׁאָנוּ אוֹכְלִים, עַל שׁוּם מַה? עַל שׁוּם שֶׁמֵּרְרוּ הַמִּצְרִים אֶת־חַיֵּי אֲבוֹתֵינוּ בְּמִצְרָיִם, שֶׁנֶּאֱמַר (שמות א, יד): וַיְמָרְרוּ אֶת־חַיֵּיהֶם בַּעֲבֹדָה קָשָׁה, בְּחֹמֶר וּבִלְבֵנִים, וּבְכָל־עֲבֹדָה בַּשָּׂדֶה: אֵת כָּל עֲבֹדָתָם, אֲשֶׁר עָבְדוּ בָהֶם בְּפָרֶךְ.

בְּכָל־דּוֹר וָדוֹר חַיָּב אָדָם לִרְאוֹת אֶת־עַצְמוֹ, כְּאִלּוּ הוּא יָצָא מִמִּצְרָיִם, שֶׁנֶּאֱמַר (שמות יג, ח): וְהִגַּדְתָּ לְבִנְךָ בַּיּוֹם הַהוּא לֵאמֹר: בַּעֲבוּר זֶה עָשָׂה יְיָ לִי, בְּצֵאתִי מִמִּצְרָיִם. לֹא אֶת־אֲבוֹתֵינוּ בִּלְבָד גָּאַל הַקָּדוֹשׁ בָּרוּךְ הוּא, אֶלָּא אַף אוֹתָנוּ גָּאַל עִמָּהֶם, שֶׁנֶּאֱמַר (דברים ו, כג): וְאוֹתָנוּ הוֹצִיא מִשָּׁם, לְמַעַן הָבִיא אוֹתָנוּ לָתֶת לָנוּ אֶת־הָאָרֶץ אֲשֶׁר נִשְׁבַּע לַאֲבֹתֵינוּ:

Cover the Matzah and turn your attention to the wine.
Some have the custom to raise their cup of wine.

לְפִיכָךְ אֲנַחְנוּ חַיָּבִים לְהוֹדוֹת, לְהַלֵּל, לְשַׁבֵּחַ, לְפָאֵר, לְרוֹמֵם, לְהַדֵּר, לְבָרֵךְ, לְעַלֵּה וּלְקַלֵּס, לְמִי שֶׁעָשָׂה לַאֲבוֹתֵינוּ וְלָנוּ אֶת־כָּל־הַנִּסִּים הָאֵלּוּ. הוֹצִיאָנוּ מֵעַבְדוּת לְחֵרוּת, מִיָּגוֹן לְשִׂמְחָה, וּמֵאֵבֶל לְיוֹם טוֹב, וּמֵאֲפֵלָה לְאוֹר גָּדוֹל, וּמִשִּׁעְבּוּד לִגְאֻלָּה. וְנֹאמַר לְפָנָיו שִׁירָה חֲדָשָׁה. הַלְלוּיָהּ:

73

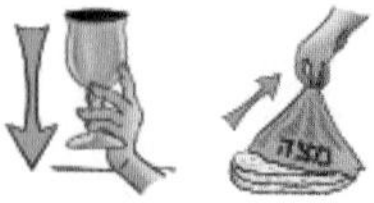

If you are holding your wine, put it down.
Then, turn your attention to the Matzah by uncovering the Matzah.

הַלְלוּיָה. הַלְלוּ עַבְדֵי יְיָ. הַלְלוּ אֶת־שֵׁם יְיָ. יְהִי
שֵׁם יְיָ מְבֹרָךְ מֵעַתָּה וְעַד עוֹלָם: מִמִּזְרַח שֶׁמֶשׁ
עַד מְבוֹאוֹ. מְהֻלָּל שֵׁם יְיָ. רָם עַל־כָּל־גּוֹיִם יְיָ. עַל
הַשָּׁמַיִם כְּבוֹדוֹ: מִי כַּיְיָ אֱלֹהֵינוּ. הַמַּגְבִּיהִי לָשָׁבֶת:
הַמַּשְׁפִּילִי לִרְאוֹת בַּשָּׁמַיִם וּבָאָרֶץ: מְקִימִי מֵעָפָר
דָּל. מֵאַשְׁפֹּת יָרִים אֶבְיוֹן: לְהוֹשִׁיבִי עִם־נְדִיבִים.
עִם נְדִיבֵי עַמּוֹ: מוֹשִׁיבִי עֲקֶרֶת הַבַּיִת אֵם הַבָּנִים
שְׂמֵחָה. הַלְלוּיָה: (תהלים קיג)

בְּצֵאת יִשְׂרָאֵל מִמִּצְרָיִם, בֵּית יַעֲקֹב מֵעַם לֹעֵז:
הָיְתָה יְהוּדָה לְקָדְשׁוֹ. יִשְׂרָאֵל מַמְשְׁלוֹתָיו: הַיָּם רָאָה
וַיָּנֹס, הַיַּרְדֵּן יִסֹּב לְאָחוֹר: הֶהָרִים רָקְדוּ כְאֵילִים.
גְּבָעוֹת כִּבְנֵי צֹאן: מַה לְּךָ הַיָּם כִּי תָנוּס. הַיַּרְדֵּן תִּסֹּב
לְאָחוֹר: הֶהָרִים תִּרְקְדוּ כְאֵילִים. גְּבָעוֹת כִּבְנֵי־צֹאן:
מִלִּפְנֵי אָדוֹן חוּלִי אָרֶץ. מִלִּפְנֵי אֱלוֹהַּ יַעֲקֹב: הַהֹפְכִי
הַצּוּר אֲגַם־מָיִם. חַלָּמִישׁ לְמַעְיְנוֹ־מָיִם: (תהלים קיד)

74

בְּצֵאת יִשְׂרָאֵל

Aspiring to Raise Confident Children

How did the women know to bring musical instruments out of Egypt to celebrate after the splitting of the Sea?

The Midrash says they were "מֻבְטָחוֹת" - confident. This word teaches us two things: Not only were they certain of being saved, but also that they were "made certain" that they would be saved. Who made them certain? Their parents and grandparents who taught them to trust in Hashem. May we merit to raise מֻבְטָחוֹת – children who will "pack musical instruments," and be excited and certain for the coming of *Mashiach.*

By Binyamin Casper

Cover the Matzah, raise your cup of wine,
and recite the following blessing:

בָּרוּךְ אַתָּה יְיָ, אֱלֹהֵינוּ מֶלֶךְ הָעוֹלָם, אֲשֶׁר גְּאָלָנוּ וְגָאַל אֶת־אֲבוֹתֵינוּ מִמִּצְרַיִם, וְהִגִּיעָנוּ הַלַּיְלָה הַזֶּה, לֶאֱכָל־בּוֹ מַצָּה וּמָרוֹר. כֵּן, יְיָ אֱלֹהֵינוּ וֵאלֹהֵי אֲבוֹתֵינוּ, יַגִּיעֵנוּ לְמוֹעֲדִים וְלִרְגָלִים אֲחֵרִים, הַבָּאִים לִקְרָאתֵנוּ לְשָׁלוֹם. שְׂמֵחִים בְּבִנְיַן עִירֶךָ, וְשָׂשִׂים בַּעֲבוֹדָתֶךָ, וְנֹאכַל שָׁם מִן הַזְּבָחִים וּמִן הַפְּסָחִים (במוצש״ק אומרים: מִן הַפְּסָחִים וּמִן הַזְּבָחִים), אֲשֶׁר יַגִּיעַ דָּמָם, עַל קִיר מִזְבַּחֲךָ לְרָצוֹן, וְנוֹדֶה לְךָ שִׁיר חָדָשׁ עַל גְּאֻלָתֵנוּ, וְעַל פְּדוּת נַפְשֵׁנוּ: בָּרוּךְ אַתָּה יְיָ, גָּאַל יִשְׂרָאֵל:

בָּרוּךְ אַתָּה יְיָ, אֱלֹהֵינוּ מֶלֶךְ הָעוֹלָם, בּוֹרֵא פְּרִי הַגָּפֶן:

Drink the second cup of wine,
while leaning to the left side (if possible).

רָחְצָה RACHTZA

In preparation for the meal, wash your hands
(with assistance, if necessary) and recite the following blessing:

בָּרוּךְ אַתָּה יְיָ, אֱלֹהֵינוּ מֶלֶךְ הָעוֹלָם, אֲשֶׁר קִדְּשָׁנוּ בְּמִצְוֹתָיו, וְצִוָּנוּ עַל נְטִילַת יָדָיִם:

מוֹצִיא MOTZI

 Hold the *Matzot* in your hands and recite the following blessing.

בָּרוּךְ אַתָּה יְיָ, אֱלֹהֵינוּ מֶלֶךְ הָעוֹלָם,
הַמּוֹצִיא לֶחֶם מִן הָאָרֶץ:

מַצָּה MATZAH

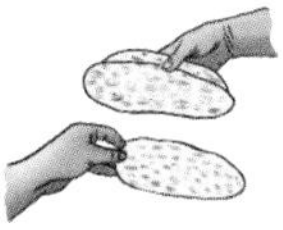

Then put down the bottom Matzah, and while holding the
top two *Matzot,* recite this blessing:

בָּרוּךְ אַתָּה יְיָ, אֱלֹהֵינוּ מֶלֶךְ הָעוֹלָם, אֲשֶׁר קִדְּשָׁנוּ
בְּמִצְוֹתָיו וְצִוָּנוּ עַל אֲכִילַת מַצָּה:

 It is customary to break a piece from both the top and middle
(broken) Matzah and eat them while leaning to the left (if possible).

 ## מַצָּה Unity

The 3 *Matzot* symbolize 3 different kinds
of Jews: Kohen, Levi, and Yisroel. On Seder
night, the *Matzot* teach us the importance of
"Kulanu"— unity, being all together. This unity
shows that even though we are different in
many ways, we need to work together as one.
We should always come together with love
and respect and acceptance of all!

By Melissa Spector

מָרוֹר MAROR

Take the Maror, dip it into the Charoset, and recite the following blessing:

בָּרוּךְ אַתָּה יְיָ, אֱלֹהֵינוּ מֶלֶךְ הָעוֹלָם, אֲשֶׁר
קִדְּשָׁנוּ בְּמִצְוֹתָיו וְצִוָּנוּ עַל אֲכִילַת מָרוֹר:

We do not lean while eating the Maror.

💡 Tradition and Creativity חֲרוֹסֶת

Charoset is a mixture of both tradition and creativity that is the essence of Seder night. Ancient tradition records that the *Charoset* is a symbol of the mortar *Bnei Yisrael* used as slaves in Egypt, while apples, nuts, and spices recall *Shir HaShirim* and the love between Hashem and Israel. Nonetheless, many families have their own recipe for *Charoset*. So on the one hand, we preserve tradition, while on the other hand, each family brings its own story to the table.

By Rav Betzalel Daniel

כּוֹרֵךְ KORECH

 Place some Maror between two pieces of Matzah (with assistance if necessary), and then recite the following blessing:

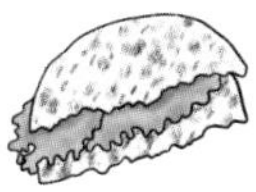

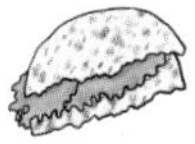

זֵכֶר לְמִקְדָּשׁ כְּהִלֵּל: כֵּן עָשָׂה הִלֵּל בִּזְמַן שֶׁבֵּית הַמִּקְדָּשׁ הָיָה קַיָּם. הָיָה כּוֹרֵךְ פֶּסַח מַצָּה וּמָרוֹר וְאוֹכֵל בְּיַחַד. לְקַיֵּם מַה שֶּׁנֶּאֱמַר: עַל־מַצּוֹת וּמְרוֹרִים יֹאכְלֻהוּ:

 Eat while leaning to the left side (if possible).

💡 Mixing Bitter and Sweet כּוֹרֵךְ

Maror stands for bitter slavery, Matzah for sweet freedom. We sandwich Matzah and Maror together to express our longing for a world in which we will be able to perceive that the "bitter" is in fact part of a greater good. This is the true picture we understood when the *Beit HaMikdash* stood. We pray for *Geula* (redemption) when we will once again be able to perceive how everything — good and bad — is part of Hashem's greatness.

By Maia Dee, *Hy"d*

(Submitted by Rav Leo Dee.)

SHULCHAN ORECH שֻׁלְחָן עוֹרֵךְ

The festive meal is eaten. Some have a custom to eat a hard-boiled egg at the beginning of the meal, and that no roasted meat should be eaten, for this might be mistaken for the Passover sacrifice, which is forbidden to be offered in exile.
Some lean to the left side throughout the meal.

TZAFUN צָפוּן

After the meal, the Afikoman is divided among all of the participants to be eaten while leaning to the left side (if possible). The Afikoman is eaten before the midpoint of the night (midnight). No food or drink, other than water and the last two cups of wine, should be consumed after the eating of the Afikoman.

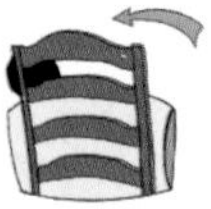

BARECH בָּרֵךְ

Pour the third cup of wine.

שִׁיר הַמַּעֲלוֹת בְּשׁוּב יְיָ אֶת שִׁיבַת צִיּוֹן הָיִינוּ כְּחֹלְמִים: אָז יִמָּלֵא שְׂחוֹק פִּינוּ וּלְשׁוֹנֵנוּ רִנָּה אָז יֹאמְרוּ בַגּוֹיִם הִגְדִּיל יְיָ לַעֲשׂוֹת עִם אֵלֶּה: הִגְדִּיל יְיָ לַעֲשׂוֹת עִמָּנוּ הָיִינוּ שְׂמֵחִים: שׁוּבָה יְיָ אֶת שְׁבִיתֵנוּ כַּאֲפִיקִים בַּנֶּגֶב: הַזֹּרְעִים בְּדִמְעָה בְּרִנָּה יִקְצֹרוּ: הָלוֹךְ יֵלֵךְ וּבָכֹה נֹשֵׂא מֶשֶׁךְ הַזָּרַע בֹּא יָבֹא בְרִנָּה נֹשֵׂא אֲלֻמֹּתָיו:

המזמן אומר: רַבּוֹתַי \ חֲבֵרַי נְבָרֵךְ

המסובין: יְהִי שֵׁם יְיָ מְבוֹרָךְ מֵעַתָּה וְעַד עוֹלָם.

המזמן: יְהִי שֵׁם יְיָ מְבוֹרָךְ מֵעַתָּה וְעַד עוֹלָם.

בִּרְשׁוּת מָרָנָן וְרַבָּנָן וְרַבּוֹתַי, נְבָרֵךְ (בעשרה: אֱלֹהֵינוּ) שֶׁאָכַלְנוּ מִשֶּׁלוֹ.

המסובין: בָּרוּךְ (אֱלֹהֵינוּ) שֶׁאָכַלְנוּ מִשֶּׁלוֹ וּבְטוּבוֹ חָיִּינוּ.

המזמן: בָּרוּךְ (אֱלֹהֵינוּ) שֶׁאָכַלְנוּ מִשֶּׁלוֹ וּבְטוּבוֹ חָיִּינוּ.

בָּרוּךְ הוּא וּבָרוּךְ שְׁמוֹ:

בָּרוּךְ אַתָּה יְיָ, אֱלֹהֵינוּ מֶלֶךְ הָעוֹלָם, הַזָּן אֶת הָעוֹלָם כֻּלּוֹ בְּטוּבוֹ בְּחֵן בְּחֶסֶד וּבְרַחֲמִים הוּא נוֹתֵן לֶחֶם לְכָל בָּשָׂר כִּי לְעוֹלָם חַסְדּוֹ. וּבְטוּבוֹ הַגָּדוֹל תָּמִיד לֹא חָסַר לָנוּ, וְאַל יֶחְסַר לָנוּ מָזוֹן לְעוֹלָם וָעֶד. בַּעֲבוּר שְׁמוֹ הַגָּדוֹל, כִּי הוּא אֵל זָן וּמְפַרְנֵס לַכֹּל וּמֵטִיב לַכֹּל, וּמֵכִין מָזוֹן לְכָל בְּרִיּוֹתָיו אֲשֶׁר בָּרָא. בָּרוּךְ אַתָּה יְיָ, הַזָּן אֶת הַכֹּל:

נוֹדֶה לְךָ יְיָ אֱלֹהֵינוּ עַל שֶׁהִנְחַלְתָּ לַאֲבוֹתֵינוּ, אֶרֶץ חֶמְדָּה טוֹבָה וּרְחָבָה, וְעַל שֶׁהוֹצֵאתָנוּ יְיָ אֱלֹהֵינוּ מֵאֶרֶץ מִצְרַיִם, וּפְדִיתָנוּ, מִבֵּית עֲבָדִים, וְעַל בְּרִיתְךָ שֶׁחָתַמְתָּ בִּבְשָׂרֵנוּ וְעַל תּוֹרָתְךָ שֶׁלִּמַּדְתָּנוּ, וְעַל חֻקֶּיךָ שֶׁהוֹדַעְתָּנוּ וְעַל חַיִּים חֵן וָחֶסֶד שֶׁחוֹנַנְתָּנוּ, וְעַל אֲכִילַת מָזוֹן שָׁאַתָּה זָן וּמְפַרְנֵס אוֹתָנוּ תָּמִיד, בְּכָל יוֹם וּבְכָל עֵת וּבְכָל שָׁעָה:

וְעַל הַכֹּל יְיָ אֱלֹהֵינוּ אֲנַחְנוּ מוֹדִים לָךְ, וּמְבָרְכִים אוֹתָךְ, יִתְבָּרַךְ שִׁמְךָ בְּפִי כָּל חַי תָּמִיד לְעוֹלָם וָעֶד. כַּכָּתוּב, וְאָכַלְתָּ וְשָׂבָעְתָּ, וּבֵרַכְתָּ אֶת יְיָ אֱלֹהֶיךָ עַל הָאָרֶץ הַטֹּבָה אֲשֶׁר נָתַן לָךְ. בָּרוּךְ אַתָּה יְיָ, עַל הָאָרֶץ וְעַל הַמָּזוֹן:

רַחֵם נָא יְיָ אֱלֹהֵינוּ, עַל יִשְׂרָאֵל עַמֶּךָ, וְעַל יְרוּשָׁלַיִם עִירֶךָ, וְעַל צִיּוֹן מִשְׁכַּן כְּבוֹדֶךָ, וְעַל מַלְכוּת בֵּית דָּוִד מְשִׁיחֶךָ, וְעַל הַבַּיִת הַגָּדוֹל וְהַקָּדוֹשׁ שֶׁנִּקְרָא שִׁמְךָ עָלָיו. אֱלֹהֵינוּ, אָבִינוּ, רְעֵנוּ, זוּנֵנוּ, פַּרְנְסֵנוּ, וְכַלְכְּלֵנוּ, וְהַרְוִיחֵנוּ, וְהַרְוַח לָנוּ יְיָ אֱלֹהֵינוּ מְהֵרָה מִכָּל צָרוֹתֵינוּ, וְנָא, עַל תַּצְרִיכֵנוּ יְיָ אֱלֹהֵינוּ, לֹא לִידֵי מַתְּנַת בָּשָׂר וָדָם, וְלֹא לִידֵי הַלְוָאָתָם. כִּי אִם לְיָדְךָ הַמְּלֵאָה, הַפְּתוּחָה, הַקְּדוֹשָׁה וְהָרְחָבָה, שֶׁלֹּא נֵבוֹשׁ וְלֹא נִכָּלֵם לְעוֹלָם וָעֶד:

The following paragraph is included on Shabbat:

רְצֵה וְהַחֲלִיצֵנוּ יְיָ אֱלֹהֵינוּ בְּמִצְוֹתֶיךָ וּבְמִצְוַת יוֹם הַשְּׁבִיעִי הַשַּׁבָּת הַגָּדוֹל וְהַקָּדוֹשׁ הַזֶּה. כִּי יוֹם זֶה גָּדוֹל וְקָדוֹשׁ הוּא לְפָנֶיךָ, לִשְׁבָּת בּוֹ וְלָנוּחַ בּוֹ בְּאַהֲבָה כְּמִצְוַת רְצוֹנֶךָ וּבִרְצוֹנְךָ הָנִיחַ לָנוּ יְיָ אֱלֹהֵינוּ, שֶׁלֹּא תְהֵא צָרָה וְיָגוֹן וַאֲנָחָה בְּיוֹם מְנוּחָתֵנוּ. וְהַרְאֵנוּ יְיָ אֱלֹהֵינוּ בְּנֶחָמַת צִיּוֹן עִירֶךָ, וּבְבִנְיַן יְרוּשָׁלַיִם עִיר קָדְשֶׁךָ, כִּי אַתָּה הוּא בַּעַל הַיְשׁוּעוֹת וּבַעַל הַנֶּחָמוֹת:

אֱלֹהֵינוּ וֵאלֹהֵי אֲבוֹתֵינוּ, יַעֲלֶה וְיָבֹא וְיַגִּיעַ, וְיֵרָאֶה, וְיֵרָצֶה, וְיִשָּׁמַע, וְיִפָּקֵד, וְיִזָּכֵר זִכְרוֹנֵנוּ וּפִקְדוֹנֵנוּ, וְזִכְרוֹן אֲבוֹתֵינוּ, וְזִכְרוֹן מָשִׁיחַ בֶּן דָּוִד עַבְדֶּךָ, וְזִכְרוֹן יְרוּשָׁלַיִם עִיר קָדְשֶׁךָ, וְזִכְרוֹן כָּל עַמְּךָ בֵּית יִשְׂרָאֵל לְפָנֶיךָ, לִפְלֵיטָה לְטוֹבָה לְחֵן וּלְחֶסֶד וּלְרַחֲמִים, לְחַיִּים וּלְשָׁלוֹם בְּיוֹם חַג הַמַּצּוֹת הַזֶּה. זָכְרֵנוּ יְיָ אֱלֹהֵינוּ בּוֹ לְטוֹבָה. וּפָקְדֵנוּ בוֹ לִבְרָכָה. וְהוֹשִׁיעֵנוּ בוֹ לְחַיִּים. וּבִדְבַר יְשׁוּעָה וְרַחֲמִים, חוּס וְחָנֵּנוּ וְרַחֵם עָלֵינוּ וְהוֹשִׁיעֵנוּ, כִּי אֵלֶיךָ עֵינֵינוּ, כִּי אֵל מֶלֶךְ חַנּוּן וְרַחוּם אָתָּה:

וּבְנֵה יְרוּשָׁלַיִם עִיר הַקֹּדֶשׁ בִּמְהֵרָה בְיָמֵינוּ. בָּרוּךְ אַתָּה יְיָ, בּוֹנֵה בְרַחֲמָיו יְרוּשָׁלָיִם. אָמֵן:

בָּרוּךְ אַתָּה יְיָ אֱלֹהֵינוּ מֶלֶךְ הָעוֹלָם, הָאֵל אָבִינוּ, מַלְכֵּנוּ, אַדִּירֵנוּ, בּוֹרְאֵנוּ, גּוֹאֲלֵנוּ, יוֹצְרֵנוּ, קְדוֹשֵׁנוּ קְדוֹשׁ יַעֲקֹב, רוֹעֵנוּ רוֹעֵה יִשְׂרָאֵל. הַמֶּלֶךְ הַטּוֹב, וְהַמֵּטִיב לַכֹּל, שֶׁבְּכָל יוֹם וָיוֹם הוּא הֵטִיב, הוּא מֵטִיב, הוּא יֵיטִיב לָנוּ. הוּא גְמָלָנוּ, הוּא גוֹמְלֵנוּ, הוּא יִגְמְלֵנוּ לָעַד לְחֵן וּלְחֶסֶד וּלְרַחֲמִים וּלְרֶוַח הַצָּלָה וְהַצְלָחָה בְּרָכָה וִישׁוּעָה, נֶחָמָה, פַּרְנָסָה וְכַלְכָּלָה, וְרַחֲמִים, וְחַיִּים וְשָׁלוֹם, וְכָל טוֹב, וּמִכָּל טוּב לְעוֹלָם אַל יְחַסְּרֵנוּ:

הָרַחֲמָן, הוּא יִמְלוֹךְ עָלֵינוּ לְעוֹלָם וָעֶד.

הָרַחֲמָן, הוּא יִתְבָּרֵךְ בַּשָּׁמַיִם וּבָאָרֶץ.

הָרַחֲמָן, הוּא יִשְׁתַּבַּח לְדוֹר דּוֹרִים, וְיִתְפָּאַר בָּנוּ לָעַד וּלְנֵצַח נְצָחִים, וְיִתְהַדַּר בָּנוּ לָעַד וּלְעוֹלְמֵי עוֹלָמִים.

הָרַחֲמָן, הוּא יְפַרְנְסֵנוּ בְּכָבוֹד.

הָרַחֲמָן, הוּא יִשְׁבּוֹר עֻלֵּנוּ מֵעַל צַוָּארֵנוּ וְהוּא יוֹלִיכֵנוּ קוֹמְמִיּוּת לְאַרְצֵנוּ.

הָרַחֲמָן, הוּא יִשְׁלַח לָנוּ בְּרָכָה מְרֻבָּה בַּבַּיִת הַזֶּה, וְעַל שֻׁלְחָן זֶה שֶׁאָכַלְנוּ עָלָיו.

הָרַחֲמָן, הוּא יִשְׁלַח לָנוּ אֶת אֵלִיָּהוּ הַנָּבִיא זָכוּר לַטּוֹב, וִיבַשֶּׂר לָנוּ בְּשׂוֹרוֹת טוֹבוֹת יְשׁוּעוֹת וְנֶחָמוֹת.

הָרַחֲמָן, הוּא יְבָרֵךְ אֶת מְדִינַת יִשְׂרָאֵל, רֵאשִׁית צְמִיחַת גְּאֻלָּתֵנוּ.

הָרַחֲמָן, הוּא יְבָרֵךְ אֶת חַיָּלֵי צְבָא הַהֲגַנָּה לְיִשְׂרָאֵל, הָעוֹמְדִים עַל מִשְׁמַר אַרְצֵנוּ.

הָרַחֲמָן, הוּא יְבָרֵךְ אֶת אַחֵינוּ כָּל בֵּית יִשְׂרָאֵל הַנְּתוּנִים בַּצָּרָה וּבַשִּׁבְיָה.

הָרַחֲמָן, הוּא יְבָרֵךְ אֶת (אָבִי מוֹרִי) בַּעַל הַבַּיִת הַזֶּה,
וְאֶת (אִמִּי מוֹרָתִי) בַּעֲלַת הַבַּיִת הַזֶּה, אוֹתָם וְאֶת בֵּיתָם
וְאֶת זַרְעָם וְאֶת כָּל אֲשֶׁר לָהֶם.

(אם הוא סמוך על שלחן עצמו אומר:) הָרַחֲמָן, הוּא יְבָרֵךְ אוֹתִי (וְאָבִי \
וְאִמִּי \ וְאִשְׁתִּי \ וְאִישִׁי \ וְזַרְעִי) וְאֶת כָּל אֲשֶׁר לִי

אוֹתָנוּ וְאֶת כָּל אֲשֶׁר לָנוּ, כְּמוֹ שֶׁנִּתְבָּרְכוּ אֲבוֹתֵינוּ,
אַבְרָהָם יִצְחָק וְיַעֲקֹב: בַּכֹּל, מִכֹּל, כֹּל. כֵּן יְבָרֵךְ אוֹתָנוּ
כֻּלָּנוּ יַחַד. בִּבְרָכָה שְׁלֵמָה, וְנֹאמַר אָמֵן:

בַּמָּרוֹם יְלַמְּדוּ עֲלֵיהֶם וְעָלֵינוּ זְכוּת, שֶׁתְּהֵא לְמִשְׁמֶרֶת
שָׁלוֹם, וְנִשָּׂא בְרָכָה מֵאֵת יְיָ וּצְדָקָה מֵאֱלֹהֵי יִשְׁעֵנוּ,
וְנִמְצָא חֵן וְשֵׂכֶל טוֹב בְּעֵינֵי אֱלֹהִים וְאָדָם:

On Shabbat add:

הָרַחֲמָן, הוּא יַנְחִילֵנוּ יוֹם שֶׁכֻּלוֹ שַׁבָּת וּמְנוּחָה
לְחַיֵּי הָעוֹלָמִים.

הָרַחֲמָן, הוּא יַנְחִילֵנוּ יוֹם שֶׁכֻּלוֹ טוֹב. יוֹם שֶׁכֻּלוֹ אָרוּךְ,
יוֹם שֶׁצַּדִּיקִים יוֹשְׁבִים וְעַטְרוֹתֵיהֶם בְּרָאשֵׁיהֶם וְנֶהֱנִים
מִזִּיו הַשְּׁכִינָה וִיהִי חֶלְקֵנוּ עִמָּהֶם:

הָרַחֲמָן, הוּא יְזַכֵּנוּ לִימוֹת הַמָּשִׁיחַ וּלְחַיֵּי הָעוֹלָם הַבָּא.

מִגְדּוֹל יְשׁוּעוֹת מַלְכּוֹ, וְעֹשֶׂה חֶסֶד לִמְשִׁיחוֹ לְדָוִד וּלְזַרְעוֹ עַד עוֹלָם: עֹשֶׂה שָׁלוֹם בִּמְרוֹמָיו, הוּא יַעֲשֶׂה שָׁלוֹם, עָלֵינוּ וְעַל כָּל יִשְׂרָאֵל, וְאִמְרוּ אָמֵן:

יִרְאוּ אֶת יְיָ קְדֹשָׁיו, כִּי אֵין מַחְסוֹר לִירֵאָיו: כְּפִירִים רָשׁוּ וְרָעֵבוּ, וְדוֹרְשֵׁי יְיָ לֹא יַחְסְרוּ כָל טוֹב: הוֹדוּ לַייָ כִּי טוֹב, כִּי לְעוֹלָם חַסְדּוֹ: פּוֹתֵחַ אֶת יָדֶךָ וּמַשְׂבִּיעַ לְכָל חַי רָצוֹן: בָּרוּךְ הַגֶּבֶר אֲשֶׁר יִבְטַח בַּייָ, וְהָיָה יְיָ מִבְטַחוֹ: נַעַר הָיִיתִי גַם זָקַנְתִּי וְלֹא רָאִיתִי צַדִּיק נֶעֱזָב, וְזַרְעוֹ מְבַקֶּשׁ לָחֶם: יְיָ עֹז לְעַמּוֹ יִתֵּן, יְיָ יְבָרֵךְ אֶת עַמּוֹ בַשָּׁלוֹם:

 Recite the following blessing and drink the third cup of wine while leaning to the left side (if possible).

בָּרוּךְ אַתָּה יְיָ, אֱלֹהֵינוּ מֶלֶךְ הָעוֹלָם, בּוֹרֵא פְּרִי הַגָּפֶן:

Pour a special cup of wine in honor of Eliyahu the Prophet.
Open the door of your home.

שְׁפֹךְ חֲמָתְךָ אֶל־הַגּוֹיִם אֲשֶׁר לֹא יְדָעוּךָ וְעַל־
מַמְלָכוֹת אֲשֶׁר בְּשִׁמְךָ לֹא קָרָאוּ: כִּי אָכַל אֶת־
יַעֲקֹב וְאֶת־נָוֵהוּ הֵשַׁמּוּ (תהילים עט, ו-ז): שְׁפָךְ־עֲלֵיהֶם
זַעֲמֶךָ, וַחֲרוֹן אַפְּךָ יַשִּׂיגֵם (תהילים סט, כה): תִּרְדֹּף בְּאַף
וְתַשְׁמִידֵם, מִתַּחַת שְׁמֵי יְיָ (איכה ג, סו):

 Close the door.

 Turning Fate into Destiny שְׁפֹךְ חֲמָתְךָ

If Eliyahu is such a powerful prophet, why is it customary to open the door for him? Eliyahu is the messenger who proclaims that redemption is near. If we want redemption, we must do our part and open the door.

Many things are beyond our control.

Rav Soloveitchik writes that our mission in life is "to turn fate into destiny." Let's not become victims of fate. Instead, let's "turn our fate into destiny" — much like Leora and Eitan Ashman, rebbis of "profiles in courage."

By Rav Avi Weiss

HALLEL הַלֵּל

Pour the fourth cup of wine.

לֹא לָנוּ יְיָ לֹא לָנוּ כִּי לְשִׁמְךָ תֵּן כָּבוֹד, עַל חַסְדְּךָ עַל אֲמִתֶּךָ. לָמָּה יֹאמְרוּ הַגּוֹיִם, אַיֵּה נָא אֱלֹהֵיהֶם. וֵאלֹהֵינוּ בַשָּׁמַיִם כֹּל אֲשֶׁר חָפֵץ עָשָׂה. עֲצַבֵּיהֶם כֶּסֶף וְזָהָב, מַעֲשֵׂה יְדֵי אָדָם. פֶּה לָהֶם וְלֹא יְדַבֵּרוּ עֵינַיִם לָהֶם וְלֹא יִרְאוּ. אָזְנַיִם לָהֶם וְלֹא יִשְׁמָעוּ, אַף לָהֶם וְלֹא יְרִיחוּן. יְדֵיהֶם וְלֹא יְמִישׁוּן, רַגְלֵיהֶם וְלֹא יְהַלֵּכוּ, לֹא יֶהְגּוּ בִּגְרוֹנָם. כְּמוֹהֶם יִהְיוּ עֹשֵׂיהֶם, כֹּל אֲשֶׁר בֹּטֵחַ בָּהֶם: יִשְׂרָאֵל בְּטַח בַּיְיָ עֶזְרָם וּמָגִנָּם הוּא. בֵּית אַהֲרֹן בִּטְחוּ בַיְיָ, עֶזְרָם וּמָגִנָּם הוּא. יִרְאֵי יְיָ בִּטְחוּ בַיְיָ, עֶזְרָם וּמָגִנָּם הוּא:

Seeing Through a Different Lens הַלֵּל

Jews have always said Hallel when saved from danger. It is sometimes difficult to give thanks and be grateful for being saved when one is living with constant challenges and hardships. We need to take the time to look through a different lens to be able to see what we HAVE overcome — within the challenges we are still faced with. This can lead to more wins and more inner happiness.

By Avi Golden

Praise and Challenges הַלֵּל

Seder night is one of the only times we say Hallel at night. Hallel is not just pure praise and thanksgiving — it mixes praise with requests for more help and salvation.

Our relationship with Hashem is complex: even when expressing gratitude, we still call out for help. Even in hard times, we still sing out to Hashem in praise. Praise and challenges go hand in hand.

May we sing Hallel with joy, and also find salvation in our lives.

By Rabbanit Esti Rosenberg

יְיָ זְכָרָנוּ יְבָרֵךְ, יְבָרֵךְ אֶת בֵּית יִשְׂרָאֵל, יְבָרֵךְ אֶת בֵּית אַהֲרֹן.
יְבָרֵךְ יִרְאֵי יְיָ, הַקְּטַנִּים עִם הַגְּדֹלִים. יֹסֵף יְיָ עֲלֵיכֶם, עֲלֵיכֶם
וְעַל בְּנֵיכֶם. בְּרוּכִים אַתֶּם לַייָ, עֹשֵׂה שָׁמַיִם וָאָרֶץ. הַשָּׁמַיִם
שָׁמַיִם לַייָ, וְהָאָרֶץ נָתַן לִבְנֵי אָדָם. לֹא הַמֵּתִים יְהַלְלוּ יָהּ,
וְלֹא כָּל יֹרְדֵי דוּמָה. וַאֲנַחְנוּ נְבָרֵךְ יָהּ, מֵעַתָּה וְעַד עוֹלָם,
הַלְלוּיָהּ: (תהלים קטו)

אָהַבְתִּי כִּי יִשְׁמַע יְיָ, אֶת קוֹלִי תַּחֲנוּנָי. כִּי הִטָּה אָזְנוֹ לִי
וּבְיָמַי אֶקְרָא: אֲפָפוּנִי חֶבְלֵי מָוֶת, וּמְצָרֵי שְׁאוֹל מְצָאוּנִי
צָרָה וְיָגוֹן אֶמְצָא. וּבְשֵׁם יְיָ אֶקְרָא, אָנָּה יְיָ מַלְּטָה נַפְשִׁי.
חַנּוּן יְיָ וְצַדִּיק, וֵאלֹהֵינוּ מְרַחֵם. שֹׁמֵר פְּתָאִים יְיָ דַּלּוֹתִי
וְלִי יְהוֹשִׁיעַ. שׁוּבִי נַפְשִׁי לִמְנוּחָיְכִי, כִּי יְיָ גָּמַל עָלָיְכִי. כִּי
חִלַּצְתָּ נַפְשִׁי מִמָּוֶת אֶת עֵינִי מִן דִּמְעָה, אֶת רַגְלִי מִדֶּחִי.
אֶתְהַלֵּךְ לִפְנֵי יְיָ, בְּאַרְצוֹת הַחַיִּים. הֶאֱמַנְתִּי כִּי אֲדַבֵּר, אֲנִי
עָנִיתִי מְאֹד. אֲנִי אָמַרְתִּי בְחָפְזִי כָּל הָאָדָם כֹּזֵב:

מָה אָשִׁיב לַייָ, כָּל תַּגְמוּלוֹהִי עָלָי. כּוֹס יְשׁוּעוֹת אֶשָּׂא,
וּבְשֵׁם יְיָ אֶקְרָא. נְדָרַי לַייָ אֲשַׁלֵּם, נֶגְדָה נָּא לְכָל עַמּוֹ. יָקָר
בְּעֵינֵי יְיָ הַמָּוְתָה לַחֲסִידָיו. אָנָּה יְיָ כִּי אֲנִי עַבְדֶּךָ אֲנִי עַבְדְּךָ,
בֶּן אֲמָתֶךָ פִּתַּחְתָּ לְמוֹסֵרָי. לְךָ אֶזְבַּח זֶבַח תּוֹדָה וּבְשֵׁם יְיָ
אֶקְרָא. נְדָרַי לַייָ אֲשַׁלֵּם נֶגְדָה נָּא לְכָל עַמּוֹ. בְּחַצְרוֹת בֵּית
יְיָ בְּתוֹכֵכִי יְרוּשָׁלָיִם הַלְלוּיָהּ: (תהלים קטז)

הַלְלוּ אֶת יְיָ, כָּל גּוֹיִם, שַׁבְּחוּהוּ כָּל הָאֻמִּים. כִּי גָבַר
עָלֵינוּ חַסְדּוֹ, וֶאֱמֶת יְיָ לְעוֹלָם הַלְלוּיָהּ: (תהלים קיז)

הוֹדוּ לַיְיָ כִּי טוֹב,	כִּי לְעוֹלָם חַסְדּוֹ.
יֹאמַר נָא יִשְׂרָאֵל,	כִּי לְעוֹלָם חַסְדּוֹ.
יֹאמְרוּ נָא בֵית אַהֲרֹן,	כִּי לְעוֹלָם חַסְדּוֹ.
יֹאמְרוּ נָא יִרְאֵי יְיָ,	כִּי לְעוֹלָם חַסְדּוֹ.

מִן הַמֵּצַר קָרָאתִי יָּהּ, עָנָנִי בַמֶּרְחָב יָהּ. יְיָ לִי לֹא אִירָא, מַה
יַּעֲשֶׂה לִי אָדָם. יְיָ לִי בְּעֹזְרָי, וַאֲנִי אֶרְאֶה בְשֹׂנְאָי. טוֹב לַחֲסוֹת
בַּיְיָ, מִבְּטֹחַ בָּאָדָם. טוֹב לַחֲסוֹת בַּיְיָ מִבְּטֹחַ בִּנְדִיבִים. כָּל
גּוֹיִם סְבָבוּנִי בְּשֵׁם יְיָ כִּי אֲמִילַם. סַבּוּנִי גַם סְבָבוּנִי בְּשֵׁם יְיָ כִּי
אֲמִילַם. סַבּוּנִי כִדְבֹרִים דֹעֲכוּ כְּאֵשׁ קוֹצִים, בְּשֵׁם יְיָ כִּי אֲמִילַם.
דָּחֹה דְחִיתַנִי לִנְפֹּל, וַיְיָ עֲזָרָנִי. עָזִּי וְזִמְרָת יָהּ, וַיְהִי לִי לִישׁוּעָה.
קוֹל רִנָּה וִישׁוּעָה בְּאָהֳלֵי צַדִּיקִים, יְמִין יְיָ עֹשָׂה חָיִל. יְמִין יְיָ
רוֹמֵמָה, יְמִין יְיָ עֹשָׂה חָיִל. לֹא אָמוּת כִּי אֶחְיֶה, וַאֲסַפֵּר מַעֲשֵׂי
יָהּ. יַסֹּר יִסְּרַנִי יָּהּ, וְלַמָּוֶת לֹא נְתָנָנִי. פִּתְחוּ לִי שַׁעֲרֵי צֶדֶק,
אָבֹא בָם אוֹדֶה יָהּ. זֶה הַשַּׁעַר לַיְיָ, צַדִּיקִים יָבֹאוּ בוֹ. אוֹדְךָ כִּי
עֲנִיתָנִי, וַתְּהִי לִי לִישׁוּעָה. אוֹדְךָ כִּי עֲנִיתָנִי, וַתְּהִי לִי לִישׁוּעָה.
אֶבֶן מָאֲסוּ הַבּוֹנִים, הָיְתָה לְרֹאשׁ פִּנָּה. אֶבֶן מָאֲסוּ הַבּוֹנִים,
הָיְתָה לְרֹאשׁ פִּנָּה. מֵאֵת יְיָ הָיְתָה זֹּאת, הִיא נִפְלָאת בְּעֵינֵינוּ.
מֵאֵת יְיָ הָיְתָה זֹּאת, הִיא נִפְלָאת בְּעֵינֵינוּ. זֶה הַיּוֹם עָשָׂה יְיָ,
נָגִילָה וְנִשְׂמְחָה בוֹ. זֶה הַיּוֹם עָשָׂה יְיָ, נָגִילָה וְנִשְׂמְחָה בוֹ:

אָנָּא יְיָ הוֹשִׁיעָה נָּא.   אָנָּא יְיָ הוֹשִׁיעָה נָּא.

אָנָּא יְיָ הַצְלִיחָה נָא.   אָנָּא יְיָ הַצְלִיחָה נָא.

בָּרוּךְ הַבָּא בְּשֵׁם יְיָ, בֵּרַכְנוּכֶם מִבֵּית יְיָ. בָּרוּךְ הַבָּא בְּשֵׁם
יְיָ, בֵּרַכְנוּכֶם מִבֵּית יְיָ. אֵל יְיָ וַיָּאֶר לָנוּ, אִסְרוּ חַג בַּעֲבֹתִים
עַד קַרְנוֹת הַמִּזְבֵּחַ. אֵל יְיָ וַיָּאֶר לָנוּ, אִסְרוּ חַג בַּעֲבֹתִים
עַד קַרְנוֹת הַמִּזְבֵּחַ. אֵלִי אַתָּה וְאוֹדֶךָּ אֱלֹהַי אֲרוֹמְמֶךָּ. אֵלִי
אַתָּה וְאוֹדֶךָּ אֱלֹהַי אֲרוֹמְמֶךָּ. הוֹדוּ לַיְיָ כִּי טוֹב, כִּי לְעוֹלָם
חַסְדּוֹ. הוֹדוּ לַיְיָ כִּי טוֹב, כִּי לְעוֹלָם חַסְדּוֹ: (תהלים קיח)

יְהַלְלוּךָ יְיָ אֱלֹהֵינוּ כָּל מַעֲשֶׂיךָ, וַחֲסִידֶיךָ צַדִּיקִים עוֹשֵׂי
רְצוֹנֶךָ, וְכָל עַמְּךָ בֵּית יִשְׂרָאֵל בְּרִנָּה יוֹדוּ וִיבָרְכוּ וִישַׁבְּחוּ
וִיפָאֲרוּ וִירוֹמְמוּ וְיַעֲרִיצוּ וְיַקְדִּישׁוּ וְיַמְלִיכוּ אֶת שִׁמְךָ
מַלְכֵּנוּ, תָּמִיד. כִּי לְךָ טוֹב לְהוֹדוֹת וּלְשִׁמְךָ נָאֶה לְזַמֵּר,
כִּי מֵעוֹלָם וְעַד עוֹלָם אַתָּה אֵל:

כִּי לְעוֹלָם חַסְדּוֹ:	הוֹדוּ לַיְיָ כִּי טוֹב,
כִּי לְעוֹלָם חַסְדּוֹ:	הוֹדוּ לֵאלֹהֵי הָאֱלֹהִים,
כִּי לְעוֹלָם חַסְדּוֹ:	הוֹדוּ לַאֲדֹנֵי הָאֲדֹנִים,
כִּי לְעוֹלָם חַסְדּוֹ:	לְעֹשֵׂה נִפְלָאוֹת גְּדֹלוֹת לְבַדּוֹ,
כִּי לְעוֹלָם חַסְדּוֹ:	לְעֹשֵׂה הַשָּׁמַיִם בִּתְבוּנָה,
כִּי לְעוֹלָם חַסְדּוֹ:	לְרוֹקַע הָאָרֶץ עַל הַמָּיִם,
כִּי לְעוֹלָם חַסְדּוֹ:	לְעֹשֵׂה אוֹרִים גְּדֹלִים,
כִּי לְעוֹלָם חַסְדּוֹ:	אֶת הַשֶּׁמֶשׁ לְמֶמְשֶׁלֶת בַּיּוֹם,

אֶת הַיָּרֵחַ וְכוֹכָבִים לְמֶמְשְׁלוֹת בַּלָּיְלָה, כִּי לְעוֹלָם חַסְדּוֹ:

לְמַכֵּה מִצְרַיִם בִּבְכוֹרֵיהֶם, כִּי לְעוֹלָם חַסְדּוֹ:

וַיּוֹצֵא יִשְׂרָאֵל מִתּוֹכָם, כִּי לְעוֹלָם חַסְדּוֹ:

בְּיָד חֲזָקָה וּבִזְרוֹעַ נְטוּיָה, כִּי לְעוֹלָם חַסְדּוֹ:

לְגֹזֵר יַם סוּף לִגְזָרִים, כִּי לְעוֹלָם חַסְדּוֹ:

וְהֶעֱבִיר יִשְׂרָאֵל בְּתוֹכוֹ, כִּי לְעוֹלָם חַסְדּוֹ:

וְנִעֵר פַּרְעֹה וְחֵילוֹ בְיַם סוּף, כִּי לְעוֹלָם חַסְדּוֹ:

לְמוֹלִיךְ עַמּוֹ בַּמִּדְבָּר, כִּי לְעוֹלָם חַסְדּוֹ:

לְמַכֵּה מְלָכִים גְּדֹלִים, כִּי לְעוֹלָם חַסְדּוֹ:

וַיַּהֲרֹג מְלָכִים אַדִּירִים, כִּי לְעוֹלָם חַסְדּוֹ:

לְסִיחוֹן מֶלֶךְ הָאֱמֹרִי, כִּי לְעוֹלָם חַסְדּוֹ:

וּלְעוֹג מֶלֶךְ הַבָּשָׁן, כִּי לְעוֹלָם חַסְדּוֹ:

וְנָתַן אַרְצָם לְנַחֲלָה, כִּי לְעוֹלָם חַסְדּוֹ:

נַחֲלָה לְיִשְׂרָאֵל עַבְדּוֹ, כִּי לְעוֹלָם חַסְדּוֹ:

שֶׁבְּשִׁפְלֵנוּ זָכַר לָנוּ, כִּי לְעוֹלָם חַסְדּוֹ:

וַיִּפְרְקֵנוּ מִצָּרֵינוּ, כִּי לְעוֹלָם חַסְדּוֹ:

נֹתֵן לֶחֶם לְכָל בָּשָׂר, כִּי לְעוֹלָם חַסְדּוֹ:

הוֹדוּ לְאֵל הַשָּׁמָיִם, כִּי לְעוֹלָם חַסְדּוֹ:

(תהלים קלו)

נִשְׁמַת כָּל חַי, תְּבָרֵךְ אֶת שִׁמְךָ יְיָ אֱלֹהֵינוּ. וְרוּחַ כָּל בָּשָׂר, תְּפָאֵר וּתְרוֹמֵם זִכְרְךָ מַלְכֵּנוּ תָּמִיד, מִן הָעוֹלָם וְעַד הָעוֹלָם אַתָּה אֵל. וּמִבַּלְעָדֶיךָ אֵין לָנוּ מֶלֶךְ גּוֹאֵל

וּמוֹשִׁיעַ, פּוֹדֶה וּמַצִּיל וּמְפַרְנֵס (וְעוֹנֶה) וּמְרַחֵם, בְּכָל עֵת צָרָה וְצוּקָה. אֵין לָנוּ מֶלֶךְ (עוֹזֵר וְסוֹמֵךְ) אֶלָּא אַתָּה: אֱלֹהֵי הָרִאשׁוֹנִים וְהָאַחֲרוֹנִים, אֱלוֹהַ כָּל בְּרִיּוֹת, אֲדוֹן כָּל תּוֹלָדוֹת, הַמְהֻלָּל (בְּכֹל) בְּרֹב הַתִּשְׁבָּחוֹת, הַמְנַהֵג עוֹלָמוֹ בְּחֶסֶד וּבְרִיּוֹתָיו בְּרַחֲמִים. וַייָ (עֵר, הִנֵּה) לֹא יָנוּם וְלֹא יִישָׁן, הַמְעוֹרֵר יְשֵׁנִים וְהַמֵּקִיץ נִרְדָּמִים, (מְחַיֶּה מֵתִים וְרוֹפֵא חוֹלִים, פּוֹקֵחַ עִוְרִים וְזוֹקֵף כְּפוּפִים) וְהַמֵּשִׂיחַ אִלְּמִים, וְהַמַּתִּיר אֲסוּרִים, וְהַסּוֹמֵךְ נוֹפְלִים, וְהַזּוֹקֵף כְּפוּפִים, (וְהַמְפַעֲנֵחַ נֶעְלָמִים) לְךָ לְבַדְּךָ אֲנַחְנוּ מוֹדִים. (וְ)אִלּוּ פִינוּ מָלֵא שִׁירָה כַּיָּם, וּלְשׁוֹנֵנוּ רִנָּה כַּהֲמוֹן גַּלָּיו, וְשִׂפְתוֹתֵינוּ שֶׁבַח כְּמֶרְחֲבֵי רָקִיעַ, וְעֵינֵינוּ מְאִירוֹת כַּשֶּׁמֶשׁ וְכַיָּרֵחַ, וְיָדֵינוּ פְרוּשׂוֹת כְּנִשְׁרֵי שָׁמָיִם, וְרַגְלֵינוּ קַלּוֹת כָּאַיָּלוֹת, אֵין (אָנוּ) אֲנַחְנוּ מַסְפִּיקִים, לְהוֹדוֹת לְךָ יְיָ אֱלֹהֵינוּ וֵאלֹהֵי אֲבוֹתֵינוּ, וּלְבָרֵךְ אֶת שְׁמֶךָ (שִׁמְךָ מַלְכֵּנוּ) עַל אַחַת מֵאֶלֶף אֶלֶף אַלְפֵי אֲלָפִים וְרִבֵּי רְבָבוֹת פְּעָמִים, הַטּוֹבוֹת, שֶׁעָשִׂיתָ עִם אֲבוֹתֵינוּ וְעִמָּנוּ. (מִלְּפָנִים) מִמִּצְרַיִם גְּאַלְתָּנוּ יְיָ אֱלֹהֵינוּ, וּמִבֵּית עֲבָדִים פְּדִיתָנוּ, בְּרָעָב זַנְתָּנוּ, וּבְשָׂבָע כִּלְכַּלְתָּנוּ, מֵחֶרֶב הִצַּלְתָּנוּ, וּמִדֶּבֶר מִלַּטְתָּנוּ, וּמֵחֳלָיִם רָעִים וְרַבִּים וְנֶאֱמָנִים דִּלִּיתָנוּ: עַד הֵנָּה עֲזָרוּנוּ רַחֲמֶיךָ, וְלֹא עֲזָבוּנוּ חֲסָדֶיךָ (יְיָ אֱלֹהֵינוּ) וְאַל תִּטְּשֵׁנוּ יְיָ אֱלֹהֵינוּ

לָנֶצַח. עַל כֵּן אֵבָרִים שֶׁפִּלַּגְתָּ בָּנוּ, וְרוּחַ וּנְשָׁמָה שֶׁנָּפַחְתָּ בְּאַפֵּינוּ, וְלָשׁוֹן אֲשֶׁר שַׂמְתָּ בְּפִינוּ, הֵן הֵם יוֹדוּ וִיבָרְכוּ וִישַׁבְּחוּ וִיפָאֲרוּ וִירוֹמְמוּ וְיַעֲרִיצוּ וְיַקְדִּישׁוּ וְיַמְלִיכוּ אֶת שִׁמְךָ מַלְכֵּנוּ (תָּמִיד), כִּי כָל פֶּה לְךָ יוֹדֶה, וְכָל לָשׁוֹן לְךָ תִשָּׁבַע (וְכָל עַיִן לְךָ תְצַפֶּה), וְכָל בֶּרֶךְ לְךָ תִכְרַע, וְכָל קוֹמָה לְפָנֶיךָ תִשְׁתַּחֲוֶה, וְכָל לְבָבוֹת יִירָאוּךָ, וְכָל קֶרֶב וּכְלָיוֹת יְזַמְּרוּ לִשְׁמֶךָ. כַּדָּבָר שֶׁכָּתוּב, כָּל עַצְמוֹתַי תֹּאמַרְנָה יְיָ מִי כָמוֹךָ. מַצִּיל עָנִי מֵחָזָק מִמֶּנּוּ, וְעָנִי וְאֶבְיוֹן מִגֹּזְלוֹ. (שַׁוְעַת עֲנִיִּים אַתָּה תִשְׁמַע צַעֲקַת הַדַּל תַּקְשִׁיב וְתוֹשִׁיעַ.)

מִי יִדְמֶה לָּךְ, וּמִי יִשְׁוֶה לָּךְ וּמִי יַעֲרָךְ לָךְ: הָאֵל הַגָּדוֹל הַגִּבּוֹר וְהַנּוֹרָא, אֵל עֶלְיוֹן קֹנֵה שָׁמַיִם וָאָרֶץ: נְהַלֶּלְךָ וּנְשַׁבֵּחֲךָ וּנְפָאֶרְךָ וּנְבָרֵךְ אֶת־שֵׁם קָדְשֶׁךָ. כָּאָמוּר, לְדָוִד, בָּרְכִי נַפְשִׁי אֶת יְיָ, וְכָל קְרָבַי אֶת שֵׁם קָדְשׁוֹ:

הָאֵל בְּתַעֲצֻמוֹת עֻזֶּךָ, הַגָּדוֹל בִּכְבוֹד שְׁמֶךָ. הַגִּבּוֹר לָנֶצַח וְהַנּוֹרָא בְּנוֹרְאוֹתֶיךָ. הַמֶּלֶךְ הַיּוֹשֵׁב עַל כִּסֵּא רָם וְנִשָּׂא:

שׁוֹכֵן עַד, מָרוֹם וְקָדוֹשׁ שְׁמוֹ: וְכָתוּב, רַנְּנוּ צַדִּיקִים בַּיְיָ, לַיְשָׁרִים נָאוָה תְהִלָּה. בְּפִי יְשָׁרִים תִּתְהַלָּל. וּבְדִבְרֵי צַדִּיקִים תִּתְבָּרַךְ. וּבִלְשׁוֹן חֲסִידִים תִּתְרוֹמָם. וּבְקֶרֶב קְדוֹשִׁים תִּתְקַדָּשׁ:

וּבְמַקְהֵלוֹת רִבְבוֹת עַמְּךָ בֵּית יִשְׂרָאֵל, בְּרִנָּה יִתְפָּאֵר שִׁמְךָ מַלְכֵּנוּ, בְּכָל דּוֹר וָדוֹר, שֶׁכֵּן חוֹבַת כָּל הַיְצוּרִים, לְפָנֶיךָ יְיָ אֱלֹהֵינוּ, וֵאלֹהֵי אֲבוֹתֵינוּ, לְהוֹדוֹת לְהַלֵּל לְשַׁבֵּחַ לְפָאֵר לְרוֹמֵם לְהַדֵּר לְבָרֵךְ לְעַלֵּה וּלְקַלֵּס, עַל כָּל דִּבְרֵי שִׁירוֹת וְתִשְׁבְּחוֹת דָּוִד בֶּן יִשַׁי עַבְדְּךָ מְשִׁיחֶךָ:

(וּבְכֵן) **יִשְׁתַּבַּח** שִׁמְךָ לָעַד מַלְכֵּנוּ, הָאֵל הַמֶּלֶךְ הַגָּדוֹל וְהַקָּדוֹשׁ בַּשָּׁמַיִם וּבָאָרֶץ. כִּי לְךָ נָאֶה, יְיָ אֱלֹהֵינוּ וֵאלֹהֵי אֲבוֹתֵינוּ (לְעוֹלָם וָעֶד): שִׁיר וּשְׁבָחָה, הַלֵּל וְזִמְרָה, עֹז וּמֶמְשָׁלָה, נֶצַח, גְּדֻלָּה וּגְבוּרָה, תְּהִלָּה וְתִפְאֶרֶת, קְדֻשָּׁה וּמַלְכוּת. בְּרָכוֹת וְהוֹדָאוֹת מֵעַתָּה וְעַד עוֹלָם (אַתָּה אֵל). בָּרוּךְ אַתָּה יְיָ, אֵל מֶלֶךְ גָּדוֹל (וּמְהֻלָּל) בַּתִּשְׁבָּחוֹת, אֵל הַהוֹדָאוֹת, אֲדוֹן הַנִּפְלָאוֹת, הַבּוֹחֵר בְּשִׁירֵי זִמְרָה, מֶלֶךְ (יָחִיד) אֵל חֵי הָעוֹלָמִים:

Recite the following blessing before drinking the fourth cup of wine:

בָּרוּךְ אַתָּה יְיָ, אֱלֹהֵינוּ מֶלֶךְ הָעוֹלָם, בּוֹרֵא פְּרִי הַגָּפֶן:

Drink the fourth cup of wine while leaning to the left side (if possible). Then recite the concluding blessing:

בָּרוּךְ אַתָּה יְיָ, אֱלֹהֵינוּ מֶלֶךְ הָעוֹלָם, עַל הַגֶּפֶן וְעַל פְּרִי הַגֶּפֶן (א״י: גַּפְנָהּ), וְעַל תְּנוּבַת הַשָּׂדֶה, וְעַל אֶרֶץ חֶמְדָּה טוֹבָה וּרְחָבָה, שֶׁרָצִיתָ וְהִנְחַלְתָּ לַאֲבוֹתֵינוּ, לֶאֱכוֹל מִפִּרְיָהּ וְלִשְׂבּוֹעַ מִטּוּבָהּ. רַחֶם נָא יְיָ אֱלֹהֵינוּ עַל יִשְׂרָאֵל עַמֶּךָ, וְעַל יְרוּשָׁלַיִם עִירֶךָ, וְעַל צִיּוֹן מִשְׁכַּן כְּבוֹדֶךָ, וְעַל מִזְבְּחֶךָ וְעַל הֵיכָלֶךָ. וּבְנֵה יְרוּשָׁלַיִם עִיר הַקֹּדֶשׁ בִּמְהֵרָה בְיָמֵינוּ, וְהַעֲלֵנוּ לְתוֹכָהּ, וְשַׂמְּחֵנוּ בְּבִנְיָנָהּ וְנֹאכַל מִפִּרְיָהּ וְנִשְׂבַּע מִטּוּבָהּ, וּנְבָרֶכְךָ עָלֶיהָ בִּקְדֻשָּׁה וּבְטָהֳרָה.

On Shabbat, include the passage in parentheses:

(וּרְצֵה וְהַחֲלִיצֵנוּ בְּיוֹם הַשַּׁבָּת הַזֶּה.)
וְשַׂמְּחֵנוּ בְּיוֹם חַג הַמַּצּוֹת הַזֶּה.
כִּי אַתָּה יְיָ טוֹב וּמֵטִיב לַכֹּל, וְנוֹדֶה לְךָ עַל הָאָרֶץ וְעַל פְּרִי הַגֶּפֶן (א״י: גַּפְנָהּ).

בָּרוּךְ אַתָּה יְיָ, עַל הָאָרֶץ וְעַל פְּרִי הַגֶּפֶן (א״י: גַּפְנָהּ):

נִרְצָה NIRTZA

חֲסַל סִדּוּר פֶּסַח כְּהִלְכָתוֹ, כְּכָל מִשְׁפָּטוֹ וְחֻקָּתוֹ.
כַּאֲשֶׁר זָכִינוּ לְסַדֵּר אוֹתוֹ, כֵּן נִזְכֶּה לַעֲשׂוֹתוֹ.
זָךְ שׁוֹכֵן מְעוֹנָה, קוֹמֵם קְהַל עֲדַת מִי מָנָה.
בְּקָרוֹב נַהֵל נִטְעֵי כַנָּה, פְּדוּיִם לְצִיּוֹן בְּרִנָּה:

לְשָׁנָה הַבָּאָה בִּירוּשָׁלָיִם:

For those making a second Seder: whoever did not count the Omer after the Evening
Service on the second night of Passover should count now. See page 117.

Am Yisrael Chai! עַם יִשְׂרָאֵל חַי!

We are blessed with the ability to say the
Haggadah in the State of Israel, the Jewish
homeland, filled with Jews. For thousands of
years, *Am Yisrael* talked about the slavery in
Egypt, and could only mention the redemption.
Today, we are part of the redemption process!
We can see that *Am Yisrael Chai* — that we
have built a thriving nation and a strong army,
despite challenges and difficulties. Today, we
can feel how Hashem has always watched
over our people; feel that Hashem loves us,
is with us, and helps us.   By Rav Yosef Zvi Rimon

Accepting Us As We Are נִרְצָה

After all the preparation, holy anticipation, and effort that has gone into Seder night, we reach the grand finale: *Nirtza*. We have done our best to fulfill the night's *mitzvot* — to connect, inspire, and feel that we are leaving Mitzrayim. We conclude with the declaration of *Nirtza:* we are *ratzui*, "accepted," just as we are. We know that more than anything, what Hashem expects and wants of us — is us.

By Rav Judah Mischel

Concluding Thought נִרְצָה

Some people have the custom to mention a personal salvation on Seder night, and to thank God for helping them rebuild their lives after going through a crisis or tragedy. This makes Seder night not only a night of thanks for our national salvation, but also a night of thanks for our personal salvation.

By Eitan Ashman

This song is for the first night of Passover only.

וּבְכֵן "וַיְהִי בַּחֲצִי הַלַּיְלָה"

אָז רוֹב נִסִּים הִפְלֵאתָ   בַּלַּיְלָה,

בְּרֹאשׁ אַשְׁמוּרוֹת זֶה   הַלַּיְלָה,

גֵּר צֶדֶק נִצַּחְתּוֹ כְּנֶחֱלַק לוֹ   לַיְלָה,

וַיְהִי בַּחֲצִי הַלַּיְלָה.

דַּנְתָּ מֶלֶךְ גְּרָר בַּחֲלוֹם   הַלַּיְלָה,

הִפְחַדְתָּ אֲרַמִּי בְּאֶמֶשׁ   לַיְלָה,

וַיָּשַׂר יִשְׂרָאֵל לְמַלְאָךְ וַיּוּכַל לוֹ   לַיְלָה,

וַיְהִי בַּחֲצִי הַלַּיְלָה.

זֶרַע בְּכוֹרֵי פַתְרוֹס מָחַצְתָּ בַּחֲצִי   הַלַּיְלָה,

חֵילָם לֹא מָצְאוּ בְּקוּמָם   בַּלַּיְלָה,

טִיסַת נְגִיד חֲרֹשֶׁת סִלִּיתָ בְּכוֹכְבֵי   לַיְלָה,

וַיְהִי בַּחֲצִי הַלַּיְלָה.

יָעַץ מְחָרֵף לְנוֹפֵף אִוּוּי הוֹבַשְׁתָּ פְגָרָיו   בַּלַּיְלָה,

כָּרַע בֵּל וּמַצָּבוֹ בְּאִישׁוֹן   לַיְלָה,

לְאִישׁ חֲמוּדוֹת נִגְלָה רַז חֲזוֹת   לַיְלָה,

וַיְהִי בַּחֲצִי הַלַּיְלָה.

100

מִשְׂתַּכֵּר בִּכְלֵי קֹדֶשׁ נֶהֱרַג בּוֹ בַּלַּיְלָה,

נוֹשַׁע מִבּוֹר אֲרָיוֹת פּוֹתֵר בְּעָתוּתֵי לַיְלָה,

שִׂנְאָה נָטַר אֲגָגִי וְכָתַב סְפָרִים בַּלַּיְלָה,

וַיְהִי בַּחֲצִי הַלַּיְלָה.

עוֹרַרְתָּ נִצְחֲךָ עָלָיו בְּנֶדֶד שְׁנַת לַיְלָה,

פּוּרָה תִדְרוֹךְ לְשׁוֹמֵר מַה מִלַּיְלָה,

צָרַח כַּשֹּׁמֵר וְשָׂח אָתָא בֹקֶר וְגַם לַיְלָה,

וַיְהִי בַּחֲצִי הַלַּיְלָה.

קָרֵב יוֹם אֲשֶׁר הוּא לֹא יוֹם וְלֹא לַיְלָה,

רָם הוֹדַע כִּי לְךָ הַיּוֹם אַף לְךָ הַלַּיְלָה,

שׁוֹמְרִים הַפְקֵד לְעִירְךָ כָּל הַיּוֹם וְכָל הַלַּיְלָה,

תָּאִיר כְּאוֹר יוֹם חֶשְׁכַּת לַיְלָה,

וַיְהִי בַּחֲצִי הַלַּיְלָה.

On the second Seder night, this song replaces the previous one.

וּבְכֵן וַאֲמַרְתֶּם זֶבַח פֶּסַח

אֹמֶץ גְּבוּרוֹתֶיךָ הִפְלֵאתָ בַּפֶּסַח:
בְּרֹאשׁ כָּל מוֹעֲדוֹת נִשֵּׂאתָ פֶּסַח:
גִּלִּיתָ לְאֶזְרָחִי חֲצוֹת לֵיל פֶּסַח:

וַאֲמַרְתֶּם זֶבַח פֶּסַח:

דְּלָתָיו דָּפַקְתָּ כְּחוֹם הַיּוֹם בַּפֶּסַח:
הִסְעִיד נוֹצְצִים עֻגוֹת מַצּוֹת בַּפֶּסַח:
וְאֶל הַבָּקָר רָץ זֵכֶר לְשׁוֹר עֵרֶךְ פֶּסַח:

וַאֲמַרְתֶּם זֶבַח פֶּסַח:

זוֹעֲמוּ סְדוֹמִים וְלוֹהֲטוּ בָּאֵשׁ בַּפֶּסַח:
חֻלַּץ לוֹט מֵהֶם וּמַצּוֹת אָפָה בְּקֵץ פֶּסַח:
טִאטֵאתָ אַדְמַת מוֹף וְנוֹף בְּעָבְרְךָ בַּפֶּסַח:

וַאֲמַרְתֶּם זֶבַח פֶּסַח:

יָהּ רֹאשׁ כָּל הוֹן מָחַצְתָּ בְּלֵיל שִׁמּוּר פֶּסַח:
כַּבִּיר עַל בֵּן בְּכוֹר פָּסַחְתָּ בְּדַם פֶּסַח:
לְבִלְתִּי תֵּת מַשְׁחִית לָבֹא בִּפְתָחַי בַּפֶּסַח:

וַאֲמַרְתֶּם זֶבַח פֶּסַח:

מִסְגֶּרֶת סֻגְּרָה בְּעִתּוֹתֵי   פֶּסַח:

נִשְׁמְדָה מִדְיָן בִּצְלִיל שְׂעוֹרֵי עֹמֶר   פֶּסַח:

שֹׂרְפוּ מִשְׁמַנֵּי פוּל וְלוּד בִּיקַד יְקוֹד   פֶּסַח:

וַאֲמַרְתֶּם זֶבַח פֶּסַח:

עוֹד הַיּוֹם בְּנֹב לַעֲמֹד עַד גָּעָה עוֹנַת   פֶּסַח:

פַּס יָד כָּתְבָה לְקַעֲקֵעַ צוּל   בַּפֶּסַח:

צָפֹה הַצָּפִית עָרוֹךְ הַשֻּׁלְחָן   בַּפֶּסַח:

וַאֲמַרְתֶּם זֶבַח פֶּסַח:

קָהָל כִּנְּסָה הֲדַסָּה צוֹם לְשַׁלֵּשׁ   בַּפֶּסַח:

רֹאשׁ מִבֵּית רָשָׁע מָחַצְתָּ בְּעֵץ חֲמִשִּׁים   בַּפֶּסַח:

שְׁתֵּי אֵלֶּה רֶגַע תָּבִיא לְעוּצִית   בַּפֶּסַח:

תָּעֹז יָדְךָ תָּרוּם יְמִינֶךָ כְּלֵיל הִתְקַדֶּשׁ חַג   פֶּסַח:

וַאֲמַרְתֶּם זֶבַח פֶּסַח:

כִּי לוֹ נָאֶה, כִּי לוֹ יָאֶה

אַדִּיר בִּמְלוּכָה, בָּחוּר כַּהֲלָכָה, גְּדוּדָיו יֹאמְרוּ לוֹ:

לְךָ וּלְךָ, לְךָ כִּי לְךָ, לְךָ אַף לְךָ, לְךָ יְיָ הַמַּמְלָכָה,
כִּי לוֹ נָאֶה כִּי לוֹ יָאֶה.

דָּגוּל בִּמְלוּכָה, הָדוּר כַּהֲלָכָה, וָתִיקָיו יֹאמְרוּ לוֹ:

לְךָ וּלְךָ, לְךָ כִּי לְךָ, לְךָ אַף לְךָ, לְךָ יְיָ הַמַּמְלָכָה,
כִּי לוֹ נָאֶה כִּי לוֹ יָאֶה.

זַכַּאי בִּמְלוּכָה, חָסִין כַּהֲלָכָה, טַפְסְרָיו יֹאמְרוּ לוֹ:

לְךָ וּלְךָ, לְךָ כִּי לְךָ, לְךָ אַף לְךָ, לְךָ יְיָ הַמַּמְלָכָה,
כִּי לוֹ נָאֶה כִּי לוֹ יָאֶה.

יָחִיד בִּמְלוּכָה, כַּבִּיר כַּהֲלָכָה, לִמּוּדָיו יֹאמְרוּ לוֹ:

לְךָ וּלְךָ, לְךָ כִּי לְךָ, לְךָ אַף לְךָ, לְךָ יְיָ הַמַּמְלָכָה,
כִּי לוֹ נָאֶה כִּי לוֹ יָאֶה.

מָרוֹם בִּמְלוּכָה, נוֹרָא כַּהֲלָכָה, סְבִיבָיו יֹאמְרוּ לוֹ:
לְךָ וּלְךָ, לְךָ כִּי לְךָ, לְךָ אַף לְךָ, לְךָ יְיָ הַמַּמְלָכָה,
כִּי לוֹ נָאֶה כִּי לוֹ יָאֶה.

עָנָיו בִּמְלוּכָה, פּוֹדֶה כַּהֲלָכָה, צַדִּיקָיו יֹאמְרוּ לוֹ:
לְךָ וּלְךָ, לְךָ כִּי לְךָ, לְךָ אַף לְךָ, לְךָ יְיָ הַמַּמְלָכָה,
כִּי לוֹ נָאֶה כִּי לוֹ יָאֶה.

קָדוֹשׁ בִּמְלוּכָה, רַחוּם כַּהֲלָכָה, שִׁנְאַנָּיו יֹאמְרוּ לוֹ:
לְךָ וּלְךָ, לְךָ כִּי לְךָ, לְךָ אַף לְךָ, לְךָ יְיָ הַמַּמְלָכָה,
כִּי לוֹ נָאֶה כִּי לוֹ יָאֶה.

תַּקִּיף בִּמְלוּכָה, תּוֹמֵךְ כַּהֲלָכָה, תְּמִימָיו יֹאמְרוּ לוֹ:
לְךָ וּלְךָ, לְךָ כִּי לְךָ, לְךָ אַף לְךָ, לְךָ יְיָ הַמַּמְלָכָה,
כִּי לוֹ נָאֶה כִּי לוֹ יָאֶה.

אַדִּיר הוּא

אַדִּיר הוּא, יִבְנֶה בֵּיתוֹ בְּקָרוֹב,
**בִּמְהֵרָה בִּמְהֵרָה בְּיָמֵינוּ בְּקָרוֹב. אֵל בְּנֵה, אֵל בְּנֵה,
בְּנֵה בֵיתְךָ בְּקָרוֹב.**

בָּחוּר הוּא, גָּדוֹל הוּא, דָּגוּל הוּא, יִבְנֶה בֵּיתוֹ בְּקָרוֹב,
**בִּמְהֵרָה בִּמְהֵרָה בְּיָמֵינוּ בְּקָרוֹב. אֵל בְּנֵה, אֵל בְּנֵה,
בְּנֵה בֵיתְךָ בְּקָרוֹב.**

הָדוּר הוּא, וָתִיק הוּא, זַכַּאי הוּא, חָסִיד הוּא, יִבְנֶה בֵּיתוֹ בְּקָרוֹב,
**בִּמְהֵרָה בִּמְהֵרָה בְּיָמֵינוּ בְּקָרוֹב. אֵל בְּנֵה, אֵל בְּנֵה,
בְּנֵה בֵיתְךָ בְּקָרוֹב.**

טָהוֹר הוּא, יָחִיד הוּא, כַּבִּיר הוּא, לָמוּד הוּא, מֶלֶךְ הוּא,
נוֹרָא הוּא, סַגִּיב הוּא, עִזּוּז הוּא, פּוֹדֶה הוּא, צַדִּיק הוּא,
יִבְנֶה בֵּיתוֹ בְּקָרוֹב,
**בִּמְהֵרָה בִּמְהֵרָה בְּיָמֵינוּ בְּקָרוֹב. אֵל בְּנֵה, אֵל בְּנֵה,
בְּנֵה בֵיתְךָ בְּקָרוֹב.**

קָדוֹשׁ הוּא, רַחוּם הוּא, שַׁדַּי הוּא, תַּקִּיף הוּא,
יִבְנֶה בֵּיתוֹ בְּקָרוֹב,
**בִּמְהֵרָה בִּמְהֵרָה בְּיָמֵינוּ בְּקָרוֹב. אֵל בְּנֵה, אֵל בְּנֵה,
בְּנֵה בֵיתְךָ בְּקָרוֹב.**

אֶחָד מִי יוֹדֵעַ?

**אֶחָד מִי יוֹדֵעַ? אֶחָד אֲנִי יוֹדֵעַ:
אֶחָד אֱלֹהֵינוּ שֶׁבַּשָּׁמַיִם וּבָאָרֶץ.**

שְׁנַיִם מִי יוֹדֵעַ? שְׁנַיִם אֲנִי יוֹדֵעַ: שְׁנֵי לֻחוֹת הַבְּרִית,
אֶחָד אֱלֹהֵינוּ שֶׁבַּשָּׁמַיִם וּבָאָרֶץ.

שְׁלֹשָׁה מִי יוֹדֵעַ? שְׁלֹשָׁה אֲנִי יוֹדֵעַ: שְׁלֹשָׁה אָבוֹת, שְׁנֵי
לֻחוֹת הַבְּרִית, אֶחָד אֱלֹהֵינוּ שֶׁבַּשָּׁמַיִם וּבָאָרֶץ.

אַרְבַּע מִי יוֹדֵעַ? אַרְבַּע אֲנִי יוֹדֵעַ: אַרְבַּע אִמָּהוֹת, שְׁלֹשָׁה
אָבוֹת, שְׁנֵי לֻחוֹת הַבְּרִית, אֶחָד אֱלֹהֵינוּ שֶׁבַּשָּׁמַיִם וּבָאָרֶץ.

חֲמִשָּׁה מִי יוֹדֵעַ? חֲמִשָּׁה אֲנִי יוֹדֵעַ: חֲמִשָּׁה חוּמְשֵׁי
תּוֹרָה, אַרְבַּע אִמָּהוֹת, שְׁלֹשָׁה אָבוֹת, שְׁנֵי לֻחוֹת הַבְּרִית,
אֶחָד אֱלֹהֵינוּ שֶׁבַּשָּׁמַיִם וּבָאָרֶץ.

שִׁשָּׁה מִי יוֹדֵעַ? שִׁשָּׁה אֲנִי יוֹדֵעַ: שִׁשָּׁה סִדְרֵי מִשְׁנָה,
חֲמִשָּׁה חוּמְשֵׁי תּוֹרָה, אַרְבַּע אִמָּהוֹת, שְׁלֹשָׁה אָבוֹת, שְׁנֵי
לֻחוֹת הַבְּרִית, אֶחָד אֱלֹהֵינוּ שֶׁבַּשָּׁמַיִם וּבָאָרֶץ.

שִׁבְעָה מִי יוֹדֵעַ? שִׁבְעָה אֲנִי יוֹדֵעַ: שִׁבְעָה יְמֵי שַׁבַּתָּא, שִׁשָּׁה
סִדְרֵי מִשְׁנָה, חֲמִשָּׁה חוּמְשֵׁי תּוֹרָה, אַרְבַּע אִמָּהוֹת, שְׁלֹשָׁה
אָבוֹת, שְׁנֵי לֻחוֹת הַבְּרִית, אֶחָד אֱלֹהֵינוּ שֶׁבַּשָּׁמַיִם וּבָאָרֶץ.

שְׁמוֹנָה מִי יוֹדֵעַ? שְׁמוֹנָה אֲנִי יוֹדֵעַ: שְׁמוֹנָה יְמֵי מִילָה, שִׁבְעָה יְמֵי שַׁבַּתָּא, שִׁשָּׁה סִדְרֵי מִשְׁנָה, חֲמִשָּׁה חוּמְשֵׁי תוֹרָה, אַרְבַּע אִמָּהוֹת, שְׁלֹשָׁה אָבוֹת, שְׁנֵי לֻחוֹת הַבְּרִית, אֶחָד אֱלֹהֵינוּ שֶׁבַּשָּׁמַיִם וּבָאָרֶץ.

תִּשְׁעָה מִי יוֹדֵעַ? תִּשְׁעָה אֲנִי יוֹדֵעַ: תִּשְׁעָה יַרְחֵי לֵדָה, שְׁמוֹנָה יְמֵי מִילָה, שִׁבְעָה יְמֵי שַׁבַּתָּא, שִׁשָּׁה סִדְרֵי מִשְׁנָה, חֲמִשָּׁה חוּמְשֵׁי תוֹרָה, אַרְבַּע אִמָּהוֹת, שְׁלֹשָׁה אָבוֹת, שְׁנֵי לֻחוֹת הַבְּרִית, אֶחָד אֱלֹהֵינוּ שֶׁבַּשָּׁמַיִם וּבָאָרֶץ.

עֲשָׂרָה מִי יוֹדֵעַ? עֲשָׂרָה אֲנִי יוֹדֵעַ: עֲשָׂרָה דִבְּרַיָּא, תִּשְׁעָה יַרְחֵי לֵדָה, שְׁמוֹנָה יְמֵי מִילָה, שִׁבְעָה יְמֵי שַׁבַּתָּא, שִׁשָּׁה סִדְרֵי מִשְׁנָה, חֲמִשָּׁה חוּמְשֵׁי תוֹרָה, אַרְבַּע אִמָּהוֹת, שְׁלֹשָׁה אָבוֹת, שְׁנֵי לֻחוֹת הַבְּרִית, אֶחָד אֱלֹהֵינוּ שֶׁבַּשָּׁמַיִם וּבָאָרֶץ.

אַחַד עָשָׂר מִי יוֹדֵעַ? אַחַד עָשָׂר אֲנִי יוֹדֵעַ: אַחַד עָשָׂר כּוֹכְבַיָּא, עֲשָׂרָה דִבְּרַיָּא, תִּשְׁעָה יַרְחֵי לֵדָה, שְׁמוֹנָה יְמֵי מִילָה, שִׁבְעָה יְמֵי שַׁבַּתָּא, שִׁשָּׁה סִדְרֵי מִשְׁנָה, חֲמִשָּׁה חוּמְשֵׁי תוֹרָה, אַרְבַּע אִמָּהוֹת, שְׁלֹשָׁה אָבוֹת, שְׁנֵי לֻחוֹת הַבְּרִית, אֶחָד אֱלֹהֵינוּ שֶׁבַּשָּׁמַיִם וּבָאָרֶץ.

שְׁנֵים עָשָׂר מִי יוֹדֵעַ? שְׁנֵים עָשָׂר אֲנִי יוֹדֵעַ: שְׁנֵים עָשָׂר שִׁבְטַיָּא, אַחַד עָשָׂר כּוֹכְבַיָּא, עֲשָׂרָה דִבְּרַיָּא, תִּשְׁעָה יַרְחֵי לֵדָה, שְׁמוֹנָה יְמֵי מִילָה, שִׁבְעָה יְמֵי שַׁבַּתָּא, שִׁשָּׁה סִדְרֵי מִשְׁנָה, חֲמִשָּׁה חוּמְשֵׁי תוֹרָה, אַרְבַּע אִמָּהוֹת, שְׁלֹשָׁה אָבוֹת, שְׁנֵי לֻחוֹת הַבְּרִית, אֶחָד אֱלֹהֵינוּ שֶׁבַּשָּׁמַיִם וּבָאָרֶץ.

שְׁלֹשָׁה עָשָׂר מִי יוֹדֵעַ? שְׁלֹשָׁה עָשָׂר אֲנִי יוֹדֵעַ: שְׁלֹשָׁה עָשָׂר מִדַּיָּא, שְׁנֵים עָשָׂר שִׁבְטַיָּא, אַחַד עָשָׂר כּוֹכְבַיָּא, עֲשָׂרָה דִבְּרַיָּא, תִּשְׁעָה יַרְחֵי לֵדָה, שְׁמוֹנָה יְמֵי מִילָה, שִׁבְעָה יְמֵי שַׁבַּתָּא, שִׁשָּׁה סִדְרֵי מִשְׁנָה, חֲמִשָּׁה חוּמְשֵׁי תוֹרָה, אַרְבַּע אִמָּהוֹת, שְׁלֹשָׁה אָבוֹת, שְׁנֵי לֻחוֹת הַבְּרִית, אֶחָד אֱלֹהֵינוּ שֶׁבַּשָּׁמַיִם וּבָאָרֶץ.

חַד גַּדְיָא, חַד גַּדְיָא

דְּזַבִּין אַבָּא בִּתְרֵי זוּזֵי, חַד גַּדְיָא, חַד גַּדְיָא.

וְאָתָא שׁוּנְרָא, וְאָכְלָה לְגַדְיָא,
דְּזַבִּין אַבָּא בִּתְרֵי זוּזֵי, חַד גַּדְיָא, חַד גַּדְיָא.

וְאָתָא כַלְבָּא, וְנָשַׁךְ לְשׁוּנְרָא, דְּאָכְלָה לְגַדְיָא,
דְּזַבִּין אַבָּא בִּתְרֵי זוּזֵי, חַד גַּדְיָא, חַד גַּדְיָא.

וְאָתָא חוּטְרָא, וְהִכָּה לְכַלְבָּא, דְּנָשַׁךְ לְשׁוּנְרָא,
דְּאָכְלָה לְגַדְיָא,
דְּזַבִּין אַבָּא בִּתְרֵי זוּזֵי, חַד גַּדְיָא, חַד גַּדְיָא.

וְאָתָא נוּרָא, וְשָׂרַף לְחוּטְרָא, דְּהִכָּה לְכַלְבָּא,
דְּנָשַׁךְ לְשׁוּנְרָא, דְּאָכְלָה לְגַדְיָא,
דְּזַבִּין אַבָּא בִּתְרֵי זוּזֵי, חַד גַּדְיָא, חַד גַּדְיָא.

וְאָתָא מַיָּא, וְכָבָה לְנוּרָא, דְּשָׂרַף לְחוּטְרָא, דְּהִכָּה לְכַלְבָּא,
דְּנָשַׁךְ לְשׁוּנְרָא, דְּאָכְלָה לְגַדְיָא,
דְּזַבִּין אַבָּא בִּתְרֵי זוּזֵי, חַד גַּדְיָא, חַד גַּדְיָא.

וְאָתָא תוֹרָא, וְשָׁתָה לְמַיָּא, דְּכָבָה לְנוּרָא, דְּשָׂרַף לְחוּטְרָא,
דְּהִכָּה לְכַלְבָּא, דְּנָשַׁךְ לְשׁוּנְרָא, דְּאָכְלָה לְגַדְיָא,
דְּזַבִּין אַבָּא בִּתְרֵי זוּזֵי, חַד גַּדְיָא, חַד גַּדְיָא.

וְאָתָא הַשּׁוֹחֵט, וְשָׁחַט לְתוֹרָא, דְּשָׁתָה לְמַיָּא,
דְּכָבָה לְנוּרָא, דְּשָׂרַף לְחוּטְרָא, דְּהִכָּה לְכַלְבָּא,
דְּנָשַׁךְ לְשׁוּנְרָא, דְּאָכְלָה לְגַדְיָא,
דְּזַבִּין אַבָּא בִּתְרֵי זוּזֵי, חַד גַּדְיָא, חַד גַּדְיָא.

וְאָתָא מַלְאַךְ הַמָּוֶת, וְשָׁחַט לְשׁוֹחֵט, דְּשָׁחַט לְתוֹרָא,
דְּשָׁתָה לְמַיָּא, דְּכָבָה לְנוּרָא, דְּשָׂרַף לְחוּטְרָא,
דְּהִכָּה לְכַלְבָּא, דְּנָשַׁךְ לְשׁוּנְרָא, דְּאָכְלָא לְגַדְיָא,
דְּזַבִּין אַבָּא בִּתְרֵי זוּזֵי, חַד גַּדְיָא, חַד גַּדְיָא.

וְאָתָא הַקָּדוֹשׁ בָּרוּךְ הוּא, וְשָׁחַט לְמַלְאַךְ הַמָּוֶת,
דְּשָׁחַט לְשׁוֹחֵט, דְּשָׁחַט לְתוֹרָא, דְּשָׁתָה לְמַיָּא,
דְּכָבָה לְנוּרָא, דְּשָׂרַף לְחוּטְרָא, דְּהִכָּה לְכַלְבָּא,
דְּנָשַׁךְ לְשׁוּנְרָא, דְּאָכְלָא לְגַדְיָא,
דְּזַבִּין אַבָּא בִּתְרֵי זוּזֵי, חַד גַּדְיָא, חַד גַּדְיָא.

Some have the custom to conclude the night by reciting the book of Song of Songs.

SONG OF SONGS שִׁיר הַשִּׁירִים

פרק א

א שִׁיר הַשִּׁירִים אֲשֶׁר לִשְׁלֹמֹה׃ ב יִשָּׁקֵנִי מִנְּשִׁיקוֹת פִּיהוּ כִּי־טוֹבִים דֹּדֶיךָ מִיָּיִן׃
ג לְרֵיחַ שְׁמָנֶיךָ טוֹבִים שֶׁמֶן תּוּרַק שְׁמֶךָ עַל־כֵּן עֲלָמוֹת אֲהֵבוּךָ׃ ד מָשְׁכֵנִי
אַחֲרֶיךָ נָּרוּצָה הֱבִיאַנִי הַמֶּלֶךְ חֲדָרָיו נָגִילָה וְנִשְׂמְחָה בָּךְ נַזְכִּירָה דֹדֶיךָ מִיַּיִן
מֵישָׁרִים אֲהֵבוּךָ׃ ה שְׁחוֹרָה אֲנִי וְנָאוָה בְּנוֹת יְרוּשָׁלִָם כְּאָהֳלֵי קֵדָר כִּירִיעוֹת
שְׁלֹמֹה׃ ו אַל־תִּרְאוּנִי שֶׁאֲנִי שְׁחַרְחֹרֶת שֶׁשֱּׁזָפַתְנִי הַשָּׁמֶשׁ בְּנֵי אִמִּי נִחֲרוּ־בִי
שָׂמֻנִי נֹטֵרָה אֶת־הַכְּרָמִים כַּרְמִי שֶׁלִּי לֹא נָטָרְתִּי׃ ז הַגִּידָה לִּי שֶׁאָהֲבָה נַפְשִׁי
אֵיכָה תִרְעֶה אֵיכָה תַּרְבִּיץ בַּצָּהֳרָיִם שַׁלָּמָה אֶהְיֶה כְּעֹטְיָה עַל עֶדְרֵי חֲבֵרֶיךָ׃
ח אִם־לֹא תֵדְעִי לָךְ הַיָּפָה בַּנָּשִׁים צְאִי־לָךְ בְּעִקְבֵי הַצֹּאן וּרְעִי אֶת־גְּדִיֹּתַיִךְ עַל
מִשְׁכְּנוֹת הָרֹעִים׃ ט לְסֻסָתִי בְּרִכְבֵי פַרְעֹה דִּמִּיתִיךְ רַעְיָתִי׃ י נָאווּ לְחָיַיִךְ
בַּתֹּרִים צַוָּארֵךְ בַּחֲרוּזִים׃ יא תּוֹרֵי זָהָב נַעֲשֶׂה־לָּךְ עִם נְקֻדּוֹת הַכָּסֶף׃
יב עַד־שֶׁהַמֶּלֶךְ בִּמְסִבּוֹ נִרְדִּי נָתַן רֵיחוֹ׃ יג צְרוֹר הַמֹּר דּוֹדִי לִי בֵּין שָׁדַי יָלִין׃
יד אֶשְׁכֹּל הַכֹּפֶר דּוֹדִי לִי בְּכַרְמֵי עֵין גֶּדִי׃ טו הִנָּךְ יָפָה רַעְיָתִי הִנָּךְ יָפָה עֵינַיִךְ
יוֹנִים׃ טז הִנְּךָ יָפֶה דוֹדִי אַף נָעִים אַף־עַרְשֵׂנוּ רַעֲנָנָה׃ יז קֹרוֹת בָּתֵּינוּ אֲרָזִים
רחיטנו [רָהִיטֵנוּ] בְּרוֹתִים׃

פרק ב

א אֲנִי חֲבַצֶּלֶת הַשָּׁרוֹן שׁוֹשַׁנַּת הָעֲמָקִים׃ ב כְּשׁוֹשַׁנָּה בֵּין הַחוֹחִים כֵּן רַעְיָתִי בֵּין
הַבָּנוֹת׃ ג כְּתַפּוּחַ בַּעֲצֵי הַיַּעַר כֵּן דּוֹדִי בֵּין הַבָּנִים בְּצִלּוֹ חִמַּדְתִּי וְיָשַׁבְתִּי וּפִרְיוֹ
מָתוֹק לְחִכִּי׃ ד הֱבִיאַנִי אֶל־בֵּית הַיָּיִן וְדִגְלוֹ עָלַי אַהֲבָה׃ ה סַמְּכוּנִי בָּאֲשִׁישׁוֹת
רַפְּדוּנִי בַּתַּפּוּחִים כִּי־חוֹלַת אַהֲבָה אָנִי׃ ו שְׂמֹאלוֹ תַּחַת לְרֹאשִׁי וִימִינוֹ
תְּחַבְּקֵנִי׃ ז הִשְׁבַּעְתִּי אֶתְכֶם בְּנוֹת יְרוּשָׁלִַם בִּצְבָאוֹת אוֹ בְּאַיְלוֹת הַשָּׂדֶה
אִם־תָּעִירוּ וְאִם־תְּעוֹרְרוּ אֶת־הָאַהֲבָה עַד שֶׁתֶּחְפָּץ׃ ח קוֹל דּוֹדִי הִנֵּה־זֶה בָּא
מְדַלֵּג עַל־הֶהָרִים מְקַפֵּץ עַל־הַגְּבָעוֹת׃ ט דּוֹמֶה דוֹדִי לִצְבִי אוֹ לְעֹפֶר הָאַיָּלִים
הִנֵּה־זֶה עוֹמֵד אַחַר כָּתְלֵנוּ מַשְׁגִּיחַ מִן־הַחַלֹּנוֹת מֵצִיץ מִן־הַחֲרַכִּים׃ י עָנָה דוֹדִי
וְאָמַר לִי קוּמִי לָךְ רַעְיָתִי יָפָתִי וּלְכִי־לָךְ׃ יא כִּי־הִנֵּה הַסְּתָו עָבָר הַגֶּשֶׁם חָלַף
הָלַךְ לוֹ׃ יב הַנִּצָּנִים נִרְאוּ בָאָרֶץ עֵת הַזָּמִיר הִגִּיעַ וְקוֹל הַתּוֹר נִשְׁמַע בְּאַרְצֵנוּ׃
יג הַתְּאֵנָה חָנְטָה פַגֶּיהָ וְהַגְּפָנִים סְמָדַר נָתְנוּ רֵיחַ קוּמִי לכי [לָךְ] רַעְיָתִי יָפָתִי
וּלְכִי־לָךְ׃ יד יוֹנָתִי בְּחַגְוֵי הַסֶּלַע בְּסֵתֶר הַמַּדְרֵגָה הַרְאִינִי אֶת־מַרְאַיִךְ
הַשְׁמִיעִינִי אֶת־קוֹלֵךְ כִּי־קוֹלֵךְ עָרֵב וּמַרְאֵיךְ נָאוֶה׃ טו אֶחֱזוּ־לָנוּ שׁוּעָלִים
שׁוּעָלִים קְטַנִּים מְחַבְּלִים כְּרָמִים וּכְרָמֵינוּ סְמָדַר׃ טז דּוֹדִי לִי וַאֲנִי לוֹ הָרֹעֶה
בַּשּׁוֹשַׁנִּים׃ יז עַד שֶׁיָּפוּחַ הַיּוֹם וְנָסוּ הַצְּלָלִים סֹב דְּמֵה־לְךָ דוֹדִי לִצְבִי אוֹ לְעֹפֶר
הָאַיָּלִים עַל־הָרֵי בָתֶר׃

פרק ג

א עַל־מִשְׁכָּבִי בַּלֵּילוֹת בִּקַּשְׁתִּי אֵת שֶׁאָהֲבָה נַפְשִׁי בִּקַּשְׁתִּיו וְלֹא מְצָאתִיו׃
ב אָקוּמָה נָּא וַאֲסוֹבְבָה בָעִיר בַּשְּׁוָקִים וּבָרְחֹבוֹת אֲבַקְשָׁה אֵת שֶׁאָהֲבָה נַפְשִׁי
בִּקַּשְׁתִּיו וְלֹא מְצָאתִיו׃ ג מְצָאוּנִי הַשֹּׁמְרִים הַסֹּבְבִים בָּעִיר אֵת שֶׁאָהֲבָה נַפְשִׁי
רְאִיתֶם׃ ד כִּמְעַט שֶׁעָבַרְתִּי מֵהֶם עַד שֶׁמָּצָאתִי אֵת שֶׁאָהֲבָה נַפְשִׁי אֲחַזְתִּיו
וְלֹא אַרְפֶּנּוּ עַד־שֶׁהֲבֵיאתִיו אֶל־בֵּית אִמִּי וְאֶל־חֶדֶר הוֹרָתִי׃ ה הִשְׁבַּעְתִּי אֶתְכֶם
בְּנוֹת יְרוּשָׁלִַם בִּצְבָאוֹת אוֹ בְּאַיְלוֹת הַשָּׂדֶה אִם־תָּעִירוּ וְאִם־תְּעוֹרְרוּ
אֶת־הָאַהֲבָה עַד שֶׁתֶּחְפָּץ׃ ו מִי זֹאת עֹלָה מִן־הַמִּדְבָּר כְּתִימְרוֹת עָשָׁן מְקֻטֶּרֶת
מוֹר וּלְבוֹנָה מִכֹּל אַבְקַת רוֹכֵל׃ ז הִנֵּה מִטָּתוֹ שֶׁלִּשְׁלֹמֹה שִׁשִּׁים גִּבֹּרִים סָבִיב
לָהּ מִגִּבֹּרֵי יִשְׂרָאֵל׃ ח כֻּלָּם אֲחֻזֵי חֶרֶב מְלֻמְּדֵי מִלְחָמָה אִישׁ חַרְבּוֹ עַל־יְרֵכוֹ
מִפַּחַד בַּלֵּילוֹת׃ ט אַפִּרְיוֹן עָשָׂה לוֹ הַמֶּלֶךְ שְׁלֹמֹה מֵעֲצֵי הַלְּבָנוֹן׃ י עַמּוּדָיו
עָשָׂה כֶסֶף רְפִידָתוֹ זָהָב מֶרְכָּבוֹ אַרְגָּמָן תּוֹכוֹ רָצוּף אַהֲבָה מִבְּנוֹת יְרוּשָׁלִָם׃
יא צְאֶינָה וּרְאֶינָה בְּנוֹת צִיּוֹן בַּמֶּלֶךְ שְׁלֹמֹה בָּעֲטָרָה שֶׁעִטְּרָה־לּוֹ אִמּוֹ בְּיוֹם
חֲתֻנָּתוֹ וּבְיוֹם שִׂמְחַת לִבּוֹ׃

פרק ד

א הִנָּךְ יָפָה רַעְיָתִי הִנָּךְ יָפָה עֵינַיִךְ יוֹנִים מִבַּעַד לְצַמָּתֵךְ שַׂעְרֵךְ כְּעֵדֶר הָעִזִּים
שֶׁגָּלְשׁוּ מֵהַר גִּלְעָד׃ ב שִׁנַּיִךְ כְּעֵדֶר הַקְּצוּבוֹת שֶׁעָלוּ מִן־הָרַחְצָה שֶׁכֻּלָּם
מַתְאִימוֹת וְשַׁכֻּלָה אֵין בָּהֶם׃ ג כְּחוּט הַשָּׁנִי שִׂפְתֹתַיִךְ וּמִדְבָּרֵיךְ נָאוֶה כְּפֶלַח
הָרִמּוֹן רַקָּתֵךְ מִבַּעַד לְצַמָּתֵךְ׃ ד כְּמִגְדַּל דָּוִיד צַוָּארֵךְ בָּנוּי לְתַלְפִּיּוֹת אֶלֶף הַמָּגֵן
תָּלוּי עָלָיו כֹּל שִׁלְטֵי הַגִּבּוֹרִים׃ ה שְׁנֵי שָׁדַיִךְ כִּשְׁנֵי עֳפָרִים תְּאוֹמֵי צְבִיָּה
הָרוֹעִים בַּשּׁוֹשַׁנִּים׃ ו עַד שֶׁיָּפוּחַ הַיּוֹם וְנָסוּ הַצְּלָלִים אֵלֶךְ לִי אֶל־הַר הַמּוֹר
וְאֶל־גִּבְעַת הַלְּבוֹנָה׃ ז כֻּלָּךְ יָפָה רַעְיָתִי וּמוּם אֵין בָּךְ׃ ח אִתִּי מִלְּבָנוֹן כַּלָּה אִתִּי
מִלְּבָנוֹן תָּבוֹאִי תָּשׁוּרִי מֵרֹאשׁ אֲמָנָה מֵרֹאשׁ שְׂנִיר וְחֶרְמוֹן מִמְּעֹנוֹת אֲרָיוֹת
מֵהַרְרֵי נְמֵרִים׃ ט לִבַּבְתִּנִי אֲחֹתִי כַלָּה לִבַּבְתִּינִי באחד [בְּאַחַת] מֵעֵינַיִךְ בְּאַחַד
עֲנָק מִצַּוְּרֹנָיִךְ׃ י מַה־יָּפוּ דֹדַיִךְ אֲחֹתִי כַלָּה מַה־טֹּבוּ דֹדַיִךְ מִיַּיִן וְרֵיחַ שְׁמָנַיִךְ
מִכָּל־בְּשָׂמִים׃ יא נֹפֶת תִּטֹּפְנָה שִׂפְתוֹתַיִךְ כַּלָּה דְּבַשׁ וְחָלָב תַּחַת לְשׁוֹנֵךְ וְרֵיחַ
שַׂלְמֹתַיִךְ כְּרֵיחַ לְבָנוֹן׃ יב גַּן נָעוּל אֲחֹתִי כַלָּה גַּל נָעוּל מַעְיָן חָתוּם׃ יג שְׁלָחַיִךְ
פַּרְדֵּס רִמּוֹנִים עִם פְּרִי מְגָדִים כְּפָרִים עִם־נְרָדִים׃ יד נֵרְדְּ וְכַרְכֹּם קָנֶה וְקִנָּמוֹן
עִם כָּל־עֲצֵי לְבוֹנָה מֹר וַאֲהָלוֹת עִם כָּל־רָאשֵׁי בְשָׂמִים׃ טו מַעְיַן גַּנִּים בְּאֵר
מַיִם חַיִּים וְנֹזְלִים מִן־לְבָנוֹן׃ טז עוּרִי צָפוֹן וּבוֹאִי תֵימָן הָפִיחִי גַנִּי יִזְּלוּ בְשָׂמָיו
יָבֹא דוֹדִי לְגַנּוֹ וְיֹאכַל פְּרִי מְגָדָיו׃

פרק ה

א בָּאתִי לְגַנִּי אֲחֹתִי כַלָּה אָרִיתִי מוֹרִי עִם־בְּשָׂמִי אָכַלְתִּי יַעְרִי עִם־דִּבְשִׁי שָׁתִיתִי יֵינִי עִם־חֲלָבִי אִכְלוּ רֵעִים שְׁתוּ וְשִׁכְרוּ דּוֹדִים: ב אֲנִי יְשֵׁנָה וְלִבִּי עֵר קוֹל דּוֹדִי דוֹפֵק פִּתְחִי־לִי אֲחֹתִי רַעְיָתִי יוֹנָתִי תַמָּתִי שֶׁרֹאשִׁי נִמְלָא־טָל קְוֻצּוֹתַי רְסִיסֵי לָיְלָה: ג פָּשַׁטְתִּי אֶת־כֻּתָּנְתִּי אֵיכָכָה אֶלְבָּשֶׁנָּה רָחַצְתִּי אֶת־רַגְלַי אֵיכָכָה אֲטַנְּפֵם: ד דּוֹדִי שָׁלַח יָדוֹ מִן־הַחֹר וּמֵעַי הָמוּ עָלָיו: ה קַמְתִּי אֲנִי לִפְתֹּחַ לְדוֹדִי וְיָדַי נָטְפוּ־מוֹר וְאֶצְבְּעֹתַי מוֹר עֹבֵר עַל כַּפּוֹת הַמַּנְעוּל: ו פָּתַחְתִּי אֲנִי לְדוֹדִי וְדוֹדִי חָמַק עָבָר נַפְשִׁי יָצְאָה בְדַבְּרוֹ בִּקַּשְׁתִּיהוּ וְלֹא מְצָאתִיהוּ קְרָאתִיו וְלֹא עָנָנִי: ז מְצָאֻנִי הַשֹּׁמְרִים הַסֹּבְבִים בָּעִיר הִכּוּנִי פְצָעוּנִי נָשְׂאוּ אֶת־רְדִידִי מֵעָלַי שֹׁמְרֵי הַחֹמוֹת: ח הִשְׁבַּעְתִּי אֶתְכֶם בְּנוֹת יְרוּשָׁלָם אִם־תִּמְצְאוּ אֶת־דּוֹדִי מַה־תַּגִּידוּ לוֹ שֶׁחוֹלַת אַהֲבָה אָנִי: ט מַה־דּוֹדֵךְ מִדּוֹד הַיָּפָה בַּנָּשִׁים מַה־דּוֹדֵךְ מִדּוֹד שֶׁכָּכָה הִשְׁבַּעְתָּנוּ: י דּוֹדִי צַח וְאָדוֹם דָּגוּל מֵרְבָבָה: יא רֹאשׁוֹ כֶּתֶם פָּז קְוֻצּוֹתָיו תַּלְתַּלִּים שְׁחֹרוֹת כָּעוֹרֵב: יב עֵינָיו כְּיוֹנִים עַל־אֲפִיקֵי מָיִם רֹחֲצוֹת בֶּחָלָב יֹשְׁבוֹת עַל־מִלֵּאת: יג לְחָיָו כַּעֲרוּגַת הַבֹּשֶׂם מִגְדְּלוֹת מֶרְקָחִים שִׂפְתוֹתָיו שׁוֹשַׁנִּים נֹטְפוֹת מוֹר עֹבֵר: יד יָדָיו גְּלִילֵי זָהָב מְמֻלָּאִים בַּתַּרְשִׁישׁ מֵעָיו עֶשֶׁת שֵׁן מְעֻלֶּפֶת סַפִּירִים: טו שׁוֹקָיו עַמּוּדֵי שֵׁשׁ מְיֻסָּדִים עַל־אַדְנֵי־פָז מַרְאֵהוּ כַּלְּבָנוֹן בָּחוּר כָּאֲרָזִים: טז חִכּוֹ מַמְתַקִּים וְכֻלּוֹ מַחֲמַדִּים זֶה דּוֹדִי וְזֶה רֵעִי בְּנוֹת יְרוּשָׁלָם:

פרק ו

א אָנָה הָלַךְ דּוֹדֵךְ הַיָּפָה בַּנָּשִׁים אָנָה פָּנָה דוֹדֵךְ וּנְבַקְשֶׁנּוּ עִמָּךְ: ב דּוֹדִי יָרַד לְגַנּוֹ לַעֲרוּגוֹת הַבֹּשֶׂם לִרְעוֹת בַּגַּנִּים וְלִלְקֹט שׁוֹשַׁנִּים: ג אֲנִי לְדוֹדִי וְדוֹדִי לִי הָרֹעֶה בַּשּׁוֹשַׁנִּים: ד יָפָה אַתְּ רַעְיָתִי כְּתִרְצָה נָאוָה כִּירוּשָׁלָם אֲיֻמָּה כַּנִּדְגָּלוֹת: ה הָסֵבִּי עֵינַיִךְ מִנֶּגְדִּי שֶׁהֵם הִרְהִיבֻנִי שַׂעְרֵךְ כְּעֵדֶר הָעִזִּים שֶׁגָּלְשׁוּ מִן־הַגִּלְעָד: ו שִׁנַּיִךְ כְּעֵדֶר הָרְחֵלִים שֶׁעָלוּ מִן־הָרַחְצָה שֶׁכֻּלָּם מַתְאִימוֹת וְשַׁכֻּלָה אֵין בָּהֶם: ז כְּפֶלַח הָרִמּוֹן רַקָּתֵךְ מִבַּעַד לְצַמָּתֵךְ: ח שִׁשִּׁים הֵמָּה מְלָכוֹת וּשְׁמֹנִים פִּילַגְשִׁים וַעֲלָמוֹת אֵין מִסְפָּר: ט אַחַת הִיא יוֹנָתִי תַמָּתִי אַחַת הִיא לְאִמָּהּ בָּרָה הִיא לְיוֹלַדְתָּהּ רָאוּהָ בָנוֹת וַיְאַשְּׁרוּהָ מְלָכוֹת וּפִילַגְשִׁים וַיְהַלְלוּהָ: י מִי־זֹאת הַנִּשְׁקָפָה כְּמוֹ־שָׁחַר יָפָה כַלְּבָנָה בָּרָה כַּחַמָּה אֲיֻמָּה כַּנִּדְגָּלוֹת: יא אֶל־גִּנַּת אֱגוֹז יָרַדְתִּי לִרְאוֹת בְּאִבֵּי הַנָּחַל לִרְאוֹת הֲפָרְחָה הַגֶּפֶן הֵנֵצוּ הָרִמֹּנִים: יב לֹא יָדַעְתִּי נַפְשִׁי שָׂמַתְנִי מַרְכְּבוֹת עַמִּי־נָדִיב:

פרק ז

א שׁוּבִי שׁוּבִי הַשּׁוּלַמִּית שׁוּבִי שׁוּבִי וְנֶחֱזֶה־בָּךְ מַה־תֶּחֱזוּ בַּשּׁוּלַמִּית כִּמְחֹלַת
הַמַּחֲנָיִם: ב מַה־יָּפוּ פְעָמַיִךְ בַּנְּעָלִים בַּת־נָדִיב חַמּוּקֵי יְרֵכַיִךְ כְּמוֹ חֲלָאִים
מַעֲשֵׂה יְדֵי אָמָּן: ג שָׁרְרֵךְ אַגַּן הַסַּהַר אַל־יֶחְסַר הַמָּזֶג בִּטְנֵךְ עֲרֵמַת חִטִּים
סוּגָה בַּשּׁוֹשַׁנִּים: ד שְׁנֵי שָׁדַיִךְ כִּשְׁנֵי עֳפָרִים תָּאֳמֵי צְבִיָּה: ה צַוָּארֵךְ כְּמִגְדַּל
הַשֵּׁן עֵינַיִךְ בְּרֵכוֹת בְּחֶשְׁבּוֹן עַל־שַׁעַר בַּת־רַבִּים אַפֵּךְ כְּמִגְדַּל הַלְּבָנוֹן צוֹפֶה פְּנֵי
דַמָּשֶׂק: ו רֹאשֵׁךְ עָלַיִךְ כַּכַּרְמֶל וְדַלַּת רֹאשֵׁךְ כָּאַרְגָּמָן מֶלֶךְ אָסוּר בָּרְהָטִים:
ז מַה־יָּפִית וּמַה־נָּעַמְתְּ אַהֲבָה בַּתַּעֲנוּגִים: ח זֹאת קוֹמָתֵךְ דָּמְתָה לְתָמָר וְשָׁדַיִךְ
לְאַשְׁכֹּלוֹת: ט אָמַרְתִּי אֶעֱלֶה בְתָמָר אֹחֲזָה בְּסַנְסִנָּיו וְיִהְיוּ־נָא שָׁדַיִךְ כְּאֶשְׁכְּלוֹת
הַגֶּפֶן וְרֵיחַ אַפֵּךְ כַּתַּפּוּחִים: י וְחִכֵּךְ כְּיֵין הַטּוֹב הוֹלֵךְ לְדוֹדִי לְמֵישָׁרִים דּוֹבֵב
שִׂפְתֵי יְשֵׁנִים: יא אֲנִי לְדוֹדִי וְעָלַי תְּשׁוּקָתוֹ: יב לְכָה דוֹדִי נֵצֵא הַשָּׂדֶה נָלִינָה
בַּכְּפָרִים: יג נַשְׁכִּימָה לַכְּרָמִים נִרְאֶה אִם פָּרְחָה הַגֶּפֶן פִּתַּח הַסְּמָדַר הֵנֵצוּ
הָרִמּוֹנִים שָׁם אֶתֵּן אֶת־דֹּדַי לָךְ: יד הַדּוּדָאִים נָתְנוּ־רֵיחַ וְעַל־פְּתָחֵינוּ
כָּל־מְגָדִים חֲדָשִׁים גַּם־יְשָׁנִים דּוֹדִי צָפַנְתִּי לָךְ:

פרק ח

א מִי יִתֶּנְךָ כְּאָח לִי יוֹנֵק שְׁדֵי אִמִּי אֶמְצָאֲךָ בַחוּץ אֶשָּׁקְךָ גַּם לֹא־יָבֻזוּ לִי:
ב אֶנְהָגֲךָ אֲבִיאֲךָ אֶל־בֵּית אִמִּי תְּלַמְּדֵנִי אַשְׁקְךָ מִיַּיִן הָרֶקַח מֵעֲסִיס רִמֹּנִי:
ג שְׂמֹאלוֹ תַּחַת רֹאשִׁי וִימִינוֹ תְּחַבְּקֵנִי: ד הִשְׁבַּעְתִּי אֶתְכֶם בְּנוֹת יְרוּשָׁלָ͏ִם
מַה־תָּעִירוּ וּמַה־תְּעֹרְרוּ אֶת־הָאַהֲבָה עַד שֶׁתֶּחְפָּץ: ה מִי זֹאת עֹלָה מִן־הַמִּדְבָּר
מִתְרַפֶּקֶת עַל־דּוֹדָהּ תַּחַת הַתַּפּוּחַ עוֹרַרְתִּיךָ שָׁמָּה חִבְּלַתְךָ אִמֶּךָ שָׁמָּה חִבְּלָה
יְלָדַתְךָ: ו שִׂימֵנִי כַחוֹתָם עַל־לִבֶּךָ כַּחוֹתָם עַל־זְרוֹעֶךָ כִּי־עַזָּה כַמָּוֶת אַהֲבָה
קָשָׁה כִשְׁאוֹל קִנְאָה רְשָׁפֶיהָ רִשְׁפֵּי אֵשׁ שַׁלְהֶבֶתְיָה: ז מַיִם רַבִּים לֹא יוּכְלוּ
לְכַבּוֹת אֶת־הָאַהֲבָה וּנְהָרוֹת לֹא יִשְׁטְפוּהָ אִם־יִתֵּן אִישׁ אֶת־כָּל־הוֹן בֵּיתוֹ
בָּאַהֲבָה בּוֹז יָבוּזוּ לוֹ: ח אָחוֹת לָנוּ קְטַנָּה וְשָׁדַיִם אֵין לָהּ מַה־נַּעֲשֶׂה לַאֲחוֹתֵנוּ
בַּיּוֹם שֶׁיְּדֻבַּר־בָּהּ: ט אִם־חוֹמָה הִיא נִבְנֶה עָלֶיהָ טִירַת כָּסֶף וְאִם־דֶּלֶת הִיא
נָצוּר עָלֶיהָ לוּחַ אָרֶז: י אֲנִי חוֹמָה וְשָׁדַי כַּמִּגְדָּלוֹת אָז הָיִיתִי בְעֵינָיו כְּמוֹצְאֵת
שָׁלוֹם: יא כֶּרֶם הָיָה לִשְׁלֹמֹה בְּבַעַל הָמוֹן נָתַן אֶת־הַכֶּרֶם לַנֹּטְרִים אִישׁ יָבִא
בְּפִרְיוֹ אֶלֶף כָּסֶף: יב כַּרְמִי שֶׁלִּי לְפָנָי הָאֶלֶף לְךָ שְׁלֹמֹה וּמָאתַיִם לְנֹטְרִים
אֶת־פִּרְיוֹ: יג הַיּוֹשֶׁבֶת בַּגַּנִּים חֲבֵרִים מַקְשִׁיבִים לְקוֹלֵךְ הַשְׁמִיעִינִי: יד בְּרַח
דּוֹדִי וּדְמֵה־לְךָ לִצְבִי אוֹ לְעֹפֶר הָאַיָּלִים עַל הָרֵי בְשָׂמִים:

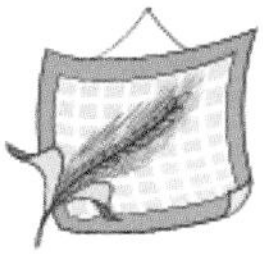

סֵדֶר סְפִירַת הָעֹמֶר

SEFIRAT HAOMER

For those making a second Seder: whoever did not count the Omer after the Evening Service on the second night of Passover should count now.

הִנְנִי מוּכָן וּמְזֻמָּן לְקַיֵּם מִצְוַת עֲשֵׂה שֶׁל סְפִירַת הָעוֹמֶר כְּמוֹ שֶׁכָּתוּב בַּתּוֹרָה. וּסְפַרְתֶּם לָכֶם מִמָּחֳרַת הַשַּׁבָּת מִיּוֹם הֲבִיאֲכֶם אֶת עוֹמֶר הַתְּנוּפָה שֶׁבַע שַׁבָּתוֹת תְּמִימֹת תִּהְיֶינָה. עַד מִמָּחֳרַת הַשַּׁבָּת הַשְּׁבִיעִית תִּסְפְּרוּ חֲמִשִּׁים יוֹם וְהִקְרַבְתֶּם מִנְחָה חֲדָשָׁה לַיהוָה. וִיהִי נוֹעַם אֲדֹנָי אֱלֹהֵינוּ עָלֵינוּ וּמַעֲשֵׂה יָדֵינוּ כּוֹנְנָה עָלֵינוּ, וּמַעֲשֵׂה יָדֵינוּ כּוֹנְנֵהוּ:

בָּרוּךְ אַתָּה יְיָ אֱלֹהֵינוּ מֶלֶךְ הָעוֹלָם, אֲשֶׁר קִדְּשָׁנוּ בְּמִצְוֹתָיו וְצִוָּנוּ עַל סְפִירַת הָעוֹמֶר:

הַיּוֹם יוֹם אֶחָד לָעוֹמֶר/בָּעוֹמֶר.

הָרַחֲמָן הוּא יַחֲזִיר לָנוּ עֲבוֹדַת בֵּית הַמִּקְדָּשׁ לִמְקוֹמָהּ, בִּמְהֵרָה בְיָמֵינוּ אָמֵן סֶלָה:

About the Contributors

Eitan Ashman, a volunteer paramedic in MADA (Magen David Adom), CrossFit coach, business owner, and Torah scholar, suffered a massive stroke in the summer of 2017 that he barely survived. After years of rehabilitation, therapies, and relearning, Eitan has made a surreal comeback in his journey of recovery.

He and his wife, Leora, an educator in formal and informal education, launched the Koach Eitan Initiative (koacheitan.com), an organization that strives to educate, advocate, support, and raise awareness about stroke, Aphasia (a little-known language impairment) and disability. Moreover, it provides tools and guidance in managing the resulting challenges that arise daily and in life, and within the realms of Judaism. Eitan and Leora live in Efrat with their family.

Elad Barzilay was severely injured by terrorists in the 2021 riots in Acre. Before his injury, Elad was a Torah teacher at Amit High School and an educational counselor in the Marom Program. As a result of his injury, Elad is challenged with Aphasia and shows us all that anything can be overcome, no matter how great the challenge. Elad now volunteers in the hesder yeshiva, Yeshivat Ma'alot, and lives with his family in Akko.

Rav Aharon Bina studied for ten years in Ponovezh Yeshiva in Bnei Brak, but learned much of his educational philosophy from his revered father, HaGaon HaRav Aryeh Bina, *zt"l*, founder of Yeshivat Netiv Meir, Yeshivat HaKotel, and many other Hesder Yeshivot located all over Israel. He was a student of Rabbi Soloveitchik for a year and received Smicha from Rabbi Ovadia Yosef, zt"l.

Binyamin Casper works in venture capital. He writes weekly Torah content for Eilecha, teaches courses and lectures in yeshivot and seminaries, and is the developer and editor-in-chief of the Koren Yedid Siddur. Binyamin lives in Modiin with his wife, Miriam, and their children.

Netanel Dabush is an integral part of the Jewish community in Toronto, Canada, where he lives with his family and learns and teaches Torah. He is Leora Ashman's twin brother.

Rav Betzalel Daniel is the Rav of the Reshit Degancha community in Efrat, a Dayan in the Beit Din of Eretz Hemdah, and head of the Eretz Hemdah "Morenu" project. Rav Daniel lives in Efrat with his family.

Maia Dee, *Hy"d,* was named "Water of Hashem" after the Torah. She loved to learn and teach Torah at Midrasha and as a madricha at a girls' high school in Yerucham. Maia, her sister, Rina, and mother, Lucy, were murdered in a terrorist attack in Israel on Passover, April 2023. She is very much missed by her family and friends. Rav Leo Dee resides in Efrat, Israel, with his family.

Ari Fuld, *Hy"d,* was born in New York and moved to Israel on his own in 1991, where he studied at Yeshivat HaKotel. In 1992, Ari enlisted in the IDF's Golani Brigade where he served as the unit's "MAGist." He went on to learn at Bar Ilan University and Touro College. Ari and his wife Miriam raised their four children, Tamar, Naomi, Yakir, and Natan, in Efrat. Ari joined an elite Paratrooper unit for his Miluim (IDF reserve service) and served as a cornerstone in Efrat's counter-terrorist unit. He taught in numerous gap-year Yeshivas and, as a 4th degree black belt in Tora Dojo karate and taught classes around Israel. On September 16, 2018, while walking through the parking lot of the Rami Levy supermarket in Gush Etzion, a cowardly terrorist snuck up behind Ari and fatally stabbed him in the back. Despite his fatal wounds, Ari managed to pull out his gun, chase and shoot the terrorist. Only when Ari saw that the terrorist was no longer a threat to anyone else, did Ari succumb to his wounds. Ari was posthumously awarded a Medal of Valor by the Israel Police Force.

Rav Shimon Golan and his wife, Rivka, were among the first families in Efrat and are blessed with 10 children (and grandchildren and great-grandchildren). Rav Golan founded Yeshivat Neve Shmuel and headed the Yeshiva in its early years. Rav Golan also joined Rav Shlomo Riskin in the Efrat Rabbinate and headed the Midrasha Institute for Women at Bar Ilan University.

Avi Golden holds a Bachelors of Science in Biology and has extensive experience in critical care and as a flight paramedic in the United States and Israel. After experiencing a stroke in 2007 and living with Aphasia as a result, Avi now educates the medical and lay community and advocates for Aphasia awareness. Avi lives in New York.

Tamir Goodman is a former professional basketball player, dubbed "The Jewish Jordan" by Sports Illustrated, and is currently a successful entrepreneur, coach, educator, and motivational speaker. Despite his challenge with Dyslexia, Tamir continues to overcome and inspire so many. Tamir lives in Jerusalem with his wife, Judy, and family.
Photo credit: Yisroel Teitelbaum

Gabrielle Hodes is a Speech and Language Therapist who specializes in working with people who stutter, and supporting their families. She is also a kallah teacher and couples counselor. Gabrielle lives in Beit Shemesh with her family.

Malka Hubscher has been teaching in seminaries and women's learning programs since 2000. She is married to Shlomo, is a mother of six, and lives in Efrat.

Rav Yitzi Hurwitz is a father of seven, is married to Dina, and works together with her in making the world a brighter place. He is the spiritual leader at Chabad Jewish Center in Temecula, CA. Rabbi Hurwitz lives with ALS (Lou Gehrig's Disease), and even though he is unable to speak or type, he uses his eyes to write heartfelt thoughts on the weekly Torah portion.

Rav Shlomo Katz is the spiritual leader of Beit Knesset Shirat David in Efrat. He has released eight albums of music and has toured throughout the world, performing and teaching. Rav Shlomo lives in Efrat with his wife, Bina, and their children.

Shimie Klein and his wife, Chani, live in New York and Jerusalem. They have been blessed with amazing children and grandchildren. Shimie practices real estate law in Manhattan. The Klein family is privileged to count Eitan and Leora as friends for over 15 years.

Jeremy Lustman helps lead DLA Piper's global Israel Country Group, where he represents many Israeli funds and companies in connection with their legal needs in the United States and around the world. He also helps guide a number of multinational companies and international investors in connection with their activities in Israel. Jeremy lives in Chashmonaim with his wife, Tamar, and three children, Merav, Avital, and Ranan.

Hayden Marchant lives in Beit Shemesh with his wife, Michelle, and their five children. Hayden has stuttered since the age of 3 and has struggled with many challenges along the way. He has recently started raising awareness of stuttering by sharing his story on social media, and giving talks in schools.

Rabbanit Shira Marili Mirvis is the spiritual leader of Shirat HaTamar in Efrat, where she lives with her family. Rabbanit Shira is a graduate of Ohr Torah Stone's Susi Bradfield Women's Institute of Halakhic Leadership Program. Rabbanit Shira studies Halakha and teaches in Yeshivat Drisha and Matan.

Rav Judah Mischel is Executive Director of Camp HASC, the Hebrew Academy for Special Children, and the author of *Baderech: Along the Path of Teshuva*. Rav Judah lives in Ramat Beit Shemesh with his wife, Ora, and their family.

Miriam Peretz is an Israeli educator, public speaker, and mother of six. She inspires so many with her optimism and faith following the loss of her sons, Lieutenant Uriel Peretz, *Hy"d,* in Lebanon in 1998, and Major Eliraz Peretz, *Hy"d,* in Gaza in 2010, who fell fighting and protecting the Land and State of Israel. She was the recipient of the Israel Prize in 2018 for lifetime achievement.

Sivan Rahav-Meir is an iconic media personality and lecturer. She works for Israel TV news, and lectures in Israel and overseas about current events, Judaism, and Zionism. Sivan lives in Jerusalem with her husband, Yedidya, and their children.

Merav Raveh-Malka has an MA in communication and has worked for many years with children and adults in speech rehabilitation. She currently works in the rehabilitation department of Hadassah Hospital on Mount Scopus specializing in helping adults with Aphasia. Merav lives in Maaleh Adumim with her family.

Rav Yosef Zvi Rimon is an internationally acclaimed posek of Halacha, author, educator, and lecturer. Rav Rimon is the Chief Rabbi of Gush Etzion and the Rosh Yeshiva of Lev Academic Center (JCT), as well as the community rabbi of Alon Shvut South. He is Founder and Chairman of Sulamot, which develops cutting-edge educational technologies, experiential Jewish programming, and innovative curricula for Judaic studies. Rav Rimon is also Founder and Chairman of La'Ofek, which develops an array of employment-based projects aimed at rehabilitating sidelined populations in Israel, including Ethiopian Israelis, needy soldiers and discharged lone soldiers, and youth at risk. Rav Rimon is married to Rabbanit Sharon, a highly accomplished writer and educator in women's batei midrash, and they are the parents of eight girls.

At left, Rav Riskin is shown visiting and blessing Eitan in the Hadassah Har Hatzofim Rehabilitation Center in September 2017.

Rabbi Dr. Shlomo Riskin is the Founder and Rosh HaYeshiva of Ohr Torah Stone, the comprehensive network of 30 unique educational institutions, women's empowerment programs, leadership development, outreach initiatives, and social action projects.

Rabbanit Esti Rosenberg is the founder and head of Migdal Oz Beit Midrash for Women. Rabbanit Rosenberg lives in Alon Shvut with her family.

Rav Uri Schneider, M.A. CCC-SLP, is a leading clinician, educator, and innovator. He co-directs Schneider Speech, hosts a podcast community at TranscendingX, consults for schools in the US and Israel, and serves on the faculty at the University of California, Riverside School of Medicine. He lives in Beit Shemesh with his family.

Igal Shetrit lives in Modiin, Israel, with his wife, Shara, and three children. Igal was diagnosed with Multiple Sclerosis in 2002, the same year their first child was born. Prior to his diagnosis, Igal was an architect, and he still finds understanding in Torah through architecture. Igal is wheelchair-bound due to the MS and experiences fatigue, pain, and frustration, among other things. However, he finds that learning and sharing Torah keeps his brain sharp and guides him in life.

Ayal Shulman lives in Ra'anana with his wife, Julie, and their children. In 2009, Ayal suffered a stroke and is challenged with Aphasia. Julie is a Speech-Language Pathologist, and Ayal works part-time for the city's religious council offices. For years, Julie and Ayal have advocated for those with Aphasia in addition to educating others and increasing awareness.
Sam Wolfson is from England, and is currently serving in the IDF as a lone soldier. Sam enjoyed collaborating with Ayal on their contribution.

Rabbi Johnny Solomon is a Torah teacher, Halachic Guide, and Spiritual Coach. He teaches for Matan, Herzog Global, Melton and LSJS, and he works as #TheVirtualRabbi — offering online spiritual coaching, halachic consultations, and Torah study sessions to men, women and couples. Beyond this, Rav Johnny writes a popular daily insight on Daf Yomi, contributes to the RZWeekly podcast, volunteers at Tzohar to officiate at weddings for secular Israelis, and is a posek at his local shul in Even Shmuel.

Melissa Spector lives in Long Island, New York, and works as an office assistant in Shulamith School for Girls in Cedarhurst. Melissa enjoys learning Torah with her chavruta and family friend, Michal Horowitz. Melissa lives with a stutter and cognitive challenges, but is independent and proud of her accomplishments and contributions.

Rabbanit Shani Taragin is a graduate of the Matan Scholar's Program and of Nishmat's Keren Ariel Program as a halachic advisor (yoetzet halacha) in issues of family purity law. She is the educational director of Matan Eshkolot Tanakh Teachers' Professional Development program, Mizrachi Lapidot teachers of Torah shebe'al-peh. Shani serves as Rosh Beit Medrash for the women in Yeshiva University's program in Israel, and on the advisory committee for the Mizrachi Olami Shalhevet program. Together with her husband, Reuven, she serves as Educational Director for Mizrachi Olami and as Rosh Beit Medrash for the Beit Medrash Program in Camp Moshava Pennsylvania. Shani has directed, taught and continues to teach, lead tours and coordinate programs in numerous seminaries and adult education programs in Israel and worldwide. Shani lives with her family in Alon Shvut, Gush Etzion-Israel.

Jeff Weener works part-time at Ramah Darom throughout the year, and is also part of the staff during the summer. Jeff was the associate director of Camp Yavneh for over 18 years. Jeff survived a stroke in 2020, which resulted in Aphasia. Jeff lives in Atlanta with his wife, Barbara, and is an active advocate for Aphasia and disability.

Rav Avi Weiss is the founding rabbi of the Hebrew Institute of Riverdale — the Bayit, and founder of Yeshivat Chovevei Torah (YCT) and Yeshivat Maharat (YM) rabbinical schools. He is a long-time activist for Israel, Jewish causes, and human rights.

Rav Dr. Aharon Wexler has a BA in Archaeology and holds an MA in Jewish History and a Doctorate in Jewish Philosophy. Aharon teaches in many post-high school Yeshiva programs, is a senior executive at a successful Israeli start-up, and a Jerusalem Post columnist. Aharon lives in Efrat with his wife, Anat, and family.

Seder Instruction Icons

Share Seder Conversation Ideas

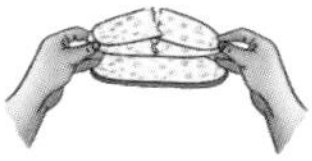

Break a piece from the top and middle (broken) Matzah

Put the smaller piece of Matzah back in between the two whole *Matzot*

Put down the bottom Matzah and hold the top two *Matzot*

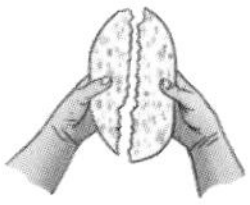

Break the middle Matzah into two, one piece larger than the other

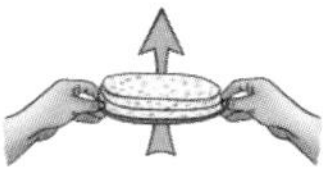

Lift up the Matzah

Hold the *Matzot*

Set aside the larger piece of Matzah as the Afikoman

Cover the Matzah

Turn your attention to the Matzah / Uncover the Matzah

Turn your attention to the wine

Pour the (#) cup of wine

Pour the special cup of wine in honor of Eliyahu the prophet

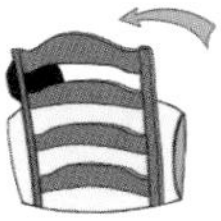

Lean to the left side

Do not lean

Spill 3 drops of wine

Spill 10 drops of wine

Drink the (#) cup of wine

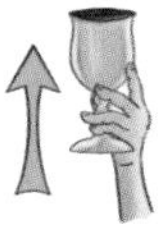

Raise your cup of wine

Put down your cup of wine

Turn your attention to the shankbone

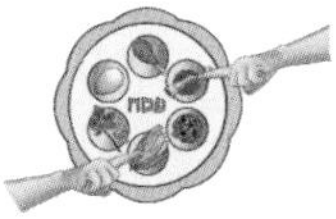

Turn your attention to the Maror

Take the Maror, dip it into Charoset

Dip the Karpas into the salt water

Lift up the Maror

Wash your hands without a blessing

Wash your hands with a blessing

Open the door

Close the door